法治建设与法学理论研究部级科研项目成果

陈敏光◎著

极限与基线

司法人工智能的应用之路

JIXIAN YU JIXIAN

SIFA RENGONG ZHINENG DE YINGYONG ZHILU

中国政法大学出版社

2021·北京

图书在版编目（ＣＩＰ）数据

极限与基线:司法人工智能的应用之路/陈敏光著.—北京:中国政法大学出版社, 2021.10

ISBN 978-7-5620-9991-8

Ⅰ.①极… Ⅱ.①陈… Ⅲ.①人工智能－应用－司法－工作－研究－中国 Ⅳ.①D926-39

中国版本图书馆 CIP 数据核字(2021)第 105309 号

出 版 者　　中国政法大学出版社

地　　址　　北京市海淀区西土城路 25 号

邮寄地址　　北京 100088 信箱 8034 分箱　　邮编 100088

网　　址　　http://www.cuplpress.com (网络实名: 中国政法大学出版社)

电　　话　　010-58908586(编辑部) 58908334(邮购部)

编辑邮箱　　zhengfadch@126.com

承　　印　　固安华明印业有限公司

开　　本　　880mm×1230mm　　1/32

印　　张　　6.625

字　　数　　200 千字

版　　次　　2021 年 10 月第 1 版

印　　次　　2021 年 10 月第 1 次印刷

定　　价　　56.00 元

前 言
Preface

　　人工智能系基于大数据、算法和算力的机器智能，而非有机智能。故应对其做工具主义的定位，摒弃"超人工智能"这一科幻意义颇浓的研究进路。当前的"司法人工智能热"系人民法院信息化发展和顶层设计共同助推的结果，对其应进行冷静的审视。诚然，基于信息的多维度、运作的规模化和技术的中立性等工具属性，司法人工智能能够促进司法公正、提升司法效率、优化法院管理、形成系统思维，充分发挥"善假于物"的效果。但也应意识到，司法人工智能的应用也存在司法异化的若干隐忧，包括技术主义对司法的俘获、对法官主体能动性的侵蚀、不平等的固化和放大等。立足于"善假于物"与司法异化这对基本矛盾，本书总结提炼出理论极限与现实基线这一分析框架。在理论极限方面，作为工具的人工智能不可能超越理性计算范畴、不可能脱离自身条件而发展、不可能超越既定历史而创新；在司法场景中，人工智能无法适应司法的不可计算性、动态博弈性和能动创新性；同时，司法人工智能受到基于程序正义、司法本体和国家安全的反制。在现实基线方面，存在司法需求技术导入不足和技术导入司法支撑的不足，具体包括司法需求理解不全不准、司法需求导入机制的不畅、相关制度建设并未充分助力司法大数据的真正形成、数据结构化、机器学习和算法监督的困难等。在极限与基线的分析框架下，本书进一步明确了司法人工智能的总体方向，对人工智能持工具主义的定位、强化司法的主导性，在充分研判司法场景的基础上，加强司法和技术的合作，强化司法需求的技术导入、强化技术应用的司法支撑、强化交叉人才的培养教育。根据以上分析框架和总体方向，通过对服务当事人和社会公众、法院管理、司法审判三大板块司法场景的系统梳理总结，对司法人工智能具体场景应用的可能、限度、主要条件和存在的不足等方面进行了审视和考察，并有针对性地提出了具体的对策和建议。

目录
CONTENTS

应用篇

题　记

登高而招，臂非加长也，而见者远；顺风而呼，声非加疾也，而闻者彰。假舆马者，非利足也，而致千里；假舟楫者，非能水也，而绝江河。君子生非异也，善假于物也。

——荀子

他在自己的劳动中不是肯定自己，而是否定自己，不是感到幸福，而是感到不幸，不是自由地发挥自己的体力和智力，而是使自己的肉体受折磨、精神遭到摧残。

——马克思

不清楚极限会做无用功甚至起反作用，不提高基线就无法实现降维打击，人工智能的司法应用之路可以概括为：提高基线、迈向极限。

绪　论

　　大数据、人工智能等现代信息技术的发展进一步激发了人类"善假于物、延伸自己"的内在冲动。不同于传统的工具或技术，此种延伸并非体力的替代或改进，而是拓展到了脑力层面，并和社会经济生活的方方面面结合在一起。在司法领域，人工智能的参与和应用也是相当广泛的，各类顶层设计（《新一代人工智能发展规划》《人民法院信息化建设五年发展规划（2016—2020）》等）和各地智慧法院的建设实践都在大力探索和发展司法人工智能[1]，并期望借此来提升司法效率、促进司法公正。由此，当下兴起了"司法人工智能热"，但人们在关于人工智能的基本定位的理解上存在分歧；对其工具属性、运行原理缺乏进一步的探讨；对关于人工智能对司法的积极影响和可能带来的异化的探讨停留在抽象层面；对关于司法人工智能能干什么、不能或不应干什么（理论极限）和面临的基本条件、现实问题（现实基线）缺乏清晰的认识；而对如何据此把握司法人工智能的总体发展方向，并将其与司法的主要场景结合起来进行具体应用，也欠缺系统的梳理和研究。鉴于

---

　　[1] 需要说明的是，本书对司法做狭义的理解，司法（机关）仅指审判（机关），这也是世界通行法治观念的一般认识。

此，本书试图从现象分析着手，准确把握司法人工智能的基本矛盾，进一步明晰司法人工智能的理论极限和现实基线，据此确定发展司法人工智能的总体方向，并结合司法主要场景探讨司法人工智能的具体应用，努力提高基线、迈向极限，为当下司法改革和智慧法院的建设献言建策。

第一节　选题意义

本书按照极限与基线的方法框架，论述了司法人工智能的基本矛盾、理论极限、现实基线、总体方向和司法主要场景中的具体应用等，具有一定的理论意义和现实意义。

一、理论意义

司法人工智能属于法律与科技交叉结合的领域，具有突出的法理学意义。本书主要从以下三个方面挖掘了司法人工智能的几个具体理论命题。

（一）对人工智能本质及其运行原理做出了基本阐释

要研究司法人工智能，首先要对人工智能为何、如何运行有个基本的判断。笔者作为一名文科生，对高门槛的技术细节无从理解，但这不应成为认识人工智能本质及其运行原理的障碍。基于法学、司法的实践品性和人工智能的实际发展情况，本书摒弃了超人工智能这一科幻色彩颇浓的研究进路，梳理总结了人工智能的由来和发展简史，得出以下论点：本轮人工智能的实质是以大数据、算法、算力为基础和动力的机器智能，而非有机智能。其中，大数据是核心，无论是算法的开放设计还是算力的提升强化，都围绕着这一"基础资产"展开，故而应摒弃按照人工智能主体论这一仿生学思路来探讨人工智能及相关司法应用问题，而要将人工智能做工具主义的定位。具体地说，人工智能能够在算力的保障下，根据特定的算法，从大数据中挖掘出更多维度的信息，以此来尽可能地消除信息的不对称性，形成系统性的认知，从而消除认知盲点、认知误区或认知偏差；而其所具有的运作规模化、技术中立性的属性，又能够在某些理性计算领域替代人脑或用来克服人性当中的偏见、好恶、情绪等非理性因素。

以上关于人工智能本质及其运行原理的论点不啻探讨后续司法人工智能的理论预设，体现出了一种务实的态度，对于把握司法人工智能的应用具有一定的现实指导意义。

（二）对司法人工智能的主要价值进行了全面的探讨

本书从人工智能的本质及其运行原理出发，从司法公正、司法效率、法院管理和系统认知等方面论述了司法人工智能的主要价值。不同于之前较为抽象或宽泛意义的论述，本书较为充分具体地揭示了司法人工智能在以上四个领域的特定价值。就促进司法公正来说，本书主张以培根、孟德斯鸠等提倡的分权制衡的政治理念、原理指导和确立宏观意义的司法公正制度，以拉伦茨等主张的法学方法论的规则作为一种中观的方案，而司法人工智能则从法律规则、各种案例、审判流程、社会评价等微观方面，提示、敦促落实裁判的具体过程和细节，进一步丰富和实现了宏观的理念原理和中观的法学方法论。就提升司法效率而言，本书指出司法人工智能的强大效率导向不仅仅体现在对某些司法领域或司法环节中辅助性事务的替代，更重要的是，司法人工智能"以技术对技术"的方式回应了网络空间中的内在效率矛盾（如网上纠纷网上审理），同时，它亦极大地提升了人们的认知高度、丰富了人们的认知维度，以此将司法从定分止争功能升华到社会治理功能，促进法院、政府之间的源头治理、协同治理，从而巧妙而有效地摆脱"案海战术"。就优化法院管理而言，司法人工智能提供的案件权重计算、成本—收益分析框架等将更有助于法官绩效考评体系的科学化、精细化，更有助于实现司法资源的高效、准确配置等，从而在外部管理上促进司法公正、提升司法效率。就系统思维的形成而言，司法人工智能系提升认知高度、丰富认知维度的有力工具支撑，能够将审判业务、法院管理和社会评价有机地融为一体，从而更好地帮助人们审视司法权运行的具体状况，发现其中存在的具体问题并提出有效的改进措施。

对以上主要价值的全面探讨，较为深刻地揭示了发展司法人工智能"善假于物"的内在冲动，在很大程度上回答了为何要发展司法人工智能的追问，有利于目标的清晰化，并据此来把握正确的方向、探索可行的路径。

（三）对司法人工智能的应用可能及其限度进行了系统反思

本书从异化理论入手，从整体上分析了人工智能可能偏离司法的若干隐患。就司法事业而言，技术主义的狂热既容易遮蔽制约司法公正司法效率的体制机制问题，也容易潜移默化地影响、分享甚至控制本体意义上的司法权。就司法审判而言，对司法人工智能的片面强调将对法官主体性形成威胁，这不仅体现在案件实体方面（特别是规则创新、制度助推意义裁判的作出），也体现在对诉讼程序价值（包括司法的被动性、公开性和透明性、多方参与性、亲历性、集中性、终结性等）的削减，还体现在法院管理上的进一步僵化（如过度量化的绩效考评体系）对法官的不当限制。就社会公正而言，社会偏见或不平等有可能经由精致的技术包装而嵌入司法权的运行过程中，并以机器特有的方式固化和放大。进一步地说，人工智能的"三个不可能"（不可能超越理性计算范畴、不可能脱离自身条件而发展、不可能超越既定历史条件而创新）决定了其在司法场景中的不适，即无法适应司法的不可计算性、动态博弈性和能动创新性，而只能在相对有限的范围内发挥作用。此外，司法基于程序正义、本体价值、国家安全，也会对人工智能的应用形成反制，在很大程度上决定了司法人工智能应用的必要限度。

以上相关论述揭示了司法人工智能应用可能带来的异化风险，并从适用范围、应用程度等两个方面大体厘定了司法人工智能应用的可能及其限度，为当下的司法人工智能热注入了一种冷思考，具有一定的理论镜鉴意义。

二、现实意义

司法人工智能不能仅仅停留在抽象的理论探讨层面，而是要真正地与司法需求契合在一起，并落实到司法实践中。

（一）对人工智能与司法的契合障碍进行了研判分析

本书认为，要切实发展司法人工智能，达致"善假于物"的效果，就要准确地挖掘、理解现实的、潜在的司法需求，并将其准确地表达出来，从而更好地获得技术的支撑；而技术应用本身对司法提出的具体要求，也要尽可能地通过制度规范予以保障。基于此，本书从司法需求的技术导入、技术应用的司法支撑两个方面分析了发展司法人工智能的具体障碍，包括对司法需求理解的不足、司法需求导入的不畅、大数据层面司法支撑之不足（法院信息化发展的不充分不平衡、司法公开力度广度不够、司法数据库标准化建设不足)、算法层面司法支撑之不足(数据结构化的困难和风险、机器学习和算法监督的困难)。

以上关于契合障碍的研判分析,有助于准确理解司法人工智能的发展现状和所处的阶段,并进一步为其发展创造更好的条件。

(二) 对司法人工智能的总体方向进行了明确

本书在基本态度上坚持人工智能的工具主义定位和司法的主导性,并主张在对应用场景充分研判的基础上,加强司法与技术的合作。具体而言,本书从服务当事人和社会公众、法院管理、司法审判三大板块场景入手,分析了司法与人工智能的契合点的具体差异,很好地体现了具体问题具体研究的思路。在司法与技术合作方面,提供了若干具有参考价值的方向性建议,包括强化司法需求的技术导入、强化技术应用的司法支撑和强化交叉人才的培养教育等。强化司法需求的技术导入方面包括:深入反省司法的价值属性,摒弃不切实际的无效需求;系统梳理具体的应用场景,找准切中司法实践中的有效需求;加大相关组织的机制建设,充分释放和顺畅传导司法需求。强化技术应用的司法支撑方面包括:司法技术主义思维的树立、大数据层面的司法支撑和司法人工智能的算法规制等。在强化交叉人才的培养教育方面,笔者主张要立足长远,积极开拓和发展司法人工智能的基础法学教育,并在司法制度特别是组织机构和法官遴选制度方面,为将来的变革预留相应的制度空间,或在条件允许的情况下,积极开展相关试点工作。

以上针对基本态度和总体方向的若干建议,对于今后进一步发展司法人工智能具有一定的参考价值,体现出了较强的政策应用性。

（三）对司法人工智能的具体应用进行了全面探索

司法人工智能只有和具体场景结合起来，才能真正落地。在以往的研究中，关于司法人工智能的探讨过于形而上，反而忽略了形而下层面的应用，这并不符合司法的实践品性。基于此，本书将服务当事人和社会公众、法院管理、司法审判这三大板块场景进一步梳理细分。其中，在法院管理这一板块场景中，分别以智能分案、法官绩效考评、司法社会治理为例，论述了法院管理中司法人工智能应用的三个层面，也即审判管理、司法人事、司法决策。而在司法审判的人工智能应用场景中，则以民商事审判为重点，按照立案、送达、庭审、裁判的流程进行较为全面的梳理和论述。在此基础上，结合本书提出的极限和基线的分析框架，提出具体的对策建议。

这些分析建议立足于对人工智能的本质理解、司法人工智能的基本矛盾，内含于理论极限与现实基线这一分析框架当中，具备相对扎实的理论基础，并详尽而细致地告诉决策者、开发者，在某个具体场景中，司法人工智能可以为什么、不能为什么、不应为什么，在可为的情况下，又应当创造什么条件或解决什么问题，很好地体现出了应用法学的品质和要求。

第二节　内容、框架和方法

本书的主要内容、框架结构和研究方法大致如下。

一、主要内容

本书主要分为七章。

第一章人工智能走向司法，主要从现象入手论证人工智能的工具主义定位，"司法人工智能热"的兴起、客观条件和直接动因。通过对人工智能现状、由来和发展的梳理和描述，笔者得出以下结论：超人工智能并不符合当下现实，本轮人工智能的实质是基于大数据、算法和算力的机器智能而非有机智能，故应对其做工具主义的定位。人工智能在司法领域的应用（也即司法人工智能）早已有之，并有相当多的探索，而我国当下之所以兴起"司法人工智能热"，主要是人民法院信息化建设（客观条件）的成熟和顶层设计助推（主观条件）共同作用的结果。

第二章司法人工智能的基本矛盾，主要从法哲学层面探析司法人工智能的基本矛盾，以此来冷静地看待"司法人工智能热"。首先，该部分对人工智能的本质做了进一步展开，具体论述其自身的工具属性，包括信息的多维度、运作的规模化和技术的中立性等三个方面，它们构成"善假于物"与"司法异化"这对基本矛盾的实体基础。其次，该部分对司法人工智能的主要价值（也即"善假于物"的基本方面）进行了较为详细的论述，具体包括促进司法公正、提升司法效率、优化法院管理和形成系统思维等。在论述中，本书并不是面面俱到式的，而是特别注意到以上价值的满足要具体体现出司法人工智能的特性和方式。如在促进司法公正方面，论及了其与分权制衡、法学方法论等手段之间的具体关系；在提升司法效率方面，论及了其在提高认知高度、丰富认知维度，并以此为支点推进法院政府源头治理、协同治理方面的重要作用；在优化法院管理方面，结合法官绩效考评制度的改进和司法成本—收益分析的框架，论及了决策信息的量化、可计算化；在形成系统思维方面，特别强调了审判业务、法院管理与社会评价的有机融合及司法权运行状况的整体评判。最后，本书将马克思的异化理论引入司法人工智能，认为其不仅体现在司法改革、司法制度等宏观层面，也体现在法院管理者、法官、当事人等主体之间的具体关系上。本书将其概括为三个层面，即技术主义对司法的俘获（司法事业）、对法官主体能动性的侵蚀（司法审判和相关的法院管理）、不平等的固化和放大（社会公正和社会评价），上文理论意义部分已有所阐释，此不赘述。

第三章司法人工智能的理论极限，主要回答司法人工智能不能干什么、不适合干什么和不应干什么的问题。首先，本书针对极限的检视，确定了司法人工智能理论极限的三个方面：技术上的不可能、司法场景中的不适和司法的反制。其次，本书从技术维度阐释了人工智能的"三个不可能"，即不可能超越理性计算范畴、不可能脱离自身条件而发展、不可能超越既定历史条件而创新；从司法场景角度阐释了人工智能对司法不可计算性、动态博弈性、能动创新性的三重不适；从司法自身角度揭示了基于程序正义、司法本体、国家安全的三个反制，较为系统、清晰地厘定了司法人工智能的理论极限。需要强调的是，本书关于客观上的不可能、场景上的不适性和主观上的司法反制的论述存在紧密的内在逻辑关系，因为人工智能在司法场景中的应用，是一个主客观相统一的过程，既要体现工具的固有属性、潜能和作用，也要反映对主体的价值考量。

第四章司法人工智能的现实基线，主要讨论发展司法人工智能的现实条件和存在的主要问题等。首先，本书在总体上概述了发展人工智能的现实基线，主张只有在司法需求的技术导入和技术需求的司法导入相互协调、有效支持的情况下，司法人工智能的基线才能得到切实提高。其次，从司法需求的技术导入层面论述了对司法需求理解不足和司法需求传导不畅的问题。前者主要指法官对司法人工智能态度的不同，对不同方面需求理解的不足，对有效需求与无效需求、现实需求与潜在需求、一般需求和场景需求缺乏系统、全面的梳理总结。后者主要论及司法需求和技术对接的障碍，无论从法院管理者角度看还是从企业技术开发者角度看，其均不能真正替代或准确汇总法官的切实需求，故在缺乏总体有效的体制机制建设的情况下，司法需求难以被充分、有效地传导到技术层面。再次，论述了技术需求在司法支撑方面的不足，集体包括大数据层面司法支撑之不足（法院信息化发展的不充分不平衡、司法公开力度广度的不够、司法数据库标准化建设的不足）和算法层面司法支撑之不足（数据结构化的困难和风险、机器学习和算法监督的困难）。

第五章司法人工智能的总体方向，主要根据前面提到的理论极限和现实基线而确定。首先，本书明确了对司法人工智能应用的基本态度，也即强调司法的主导性和人工智能的工具主义定位，主张只有这样才能克服司法人工智能应用中存在的"善假于物"与"审判异化"的内在矛盾。其次，从理论极限出发，按照人工智能的场景性要求，将司法人工智能的总体场景划分为三大板块，即服务当事人和社会公众、法院管理、司法审判，在逻辑层次上依次由外围走向司法裁断的核心，并对其分别加以阐释，以明晰司法人工智能在其中的介入程度和方式的总体差异。再次，从现实基线出发，论及司法与技术的合作，主要包括强化司法需求的技术导入、强化技术应用的司法支撑和强化交叉人才的培养教育。前两者立足于对短期现状的改观，在技术导入方面包括对无效需求的摒弃、对有效需求的切入及充分释放和顺畅传导等，在司法支撑方面包括司法技术主义思维的树立、大数据层面的司法支撑和司法人工智能的算法规制等。后者则立足于长远发展，通过交叉学科法学基础教育和相关司法制度的试点和变革，进一步为发展应用司法人工智能蓄积力量。

第六章和第七章则依次对服务当事人和社会公众、法院管理、司法审判三大板块的场景进行了梳理细分，涉及的具体细分场景包括智能分案、法官绩效考评、决策参考、网上立案、电子送达、智能庭审、智能裁判等，并结合上文提到的理论极限和现实基线的分析框架，对其进行审视和考察，从而得出具体的对策建议。在这些具体场景中，司法人工智能的契合点并不相同，可以发挥的作用、空间和限度都存在具体差异，相应的对策建议也有不同的针对性。

二、框架结构

从框架结构上看，本书可以分为理论篇和应用篇两部分。

（一）理论篇

理论篇包括第一章至第四章。第一章从人工智能走向司法这一现象和趋势入手，结合了人工智能的现状、由来和发展，探讨了人工智能的本质，并对"司法人工智能热"的条件和动因进行了分析。第二章则在此基础上引申出司法人工智能基本矛盾这一法理命题，从人工智能的工具属性出发，较为详尽地阐释"善假于物"与"司法异化"这对基本矛盾。第三章、第四章是对第二章的进一步延伸，探讨了司法人工智能的不可能、不适合、不应该的问题，以及发展司法人工智能的现实条件及存在的主要问题，从而为后面的总体方向、具体应用奠定理论框架，即在极限与基线之间探索司法人工智能的应用之路，提高基线、迈向极限。因为不清楚极限会做无用功甚至起反作用，不提高基线就无法实现"降维打击"。

（二）应用篇

应用篇包括第五章至第七章。根据前面所论述的基本矛盾、理论极限和现实基线，第五章明确了司法人工智能的总体方向。其中，第一节基本态度的明确系对基本矛盾的延伸和回应，第二节应用场景的研判系对理论极限的延伸和回应，第三节司法与技术的合作系对现实基线的延伸和回应。第六章和第七章系对第五章总体方向的具体落实，通过对司法应用场景的进一步梳理细分，并结合极限与基线这一分析框架，针对具体环节领域，提出具体的对策建议。在第六章和第七章的论述中，本书十分重视类型化和内在的层次逻辑，如服务当事人和社会公众、法院管理、司法审判三大板块大顺序安排，实际上遵循这样的逻辑——是从法院外围工作走向司法裁断的核心。更具体地说，考虑到服务当事人、社会公众和法院管理的内在紧密关联，且仅是在外部性评价、助推公正司法，而不直接涉及审判业务本身，故本书将其放在同一章。在法院管理板块场景中，限于笔者的能力和精力，按照管理和审判的紧密度分别择取了典型的具体场景，也即智能分案（代表审判管理）、法官绩效考评（代表司法人事）、决策参考（代表司法决策），进行了具体阐释。在司法审判板块场景中，本书主要以民商事审判为重点，按照审判流程的大体顺序，对网上立案、电子送达、智能庭审、智能裁判等环节领域进行了细致阐释，提出了相应的对策建议。

为了更好地展示上述框架结构，笔者将基本框架结构制作成思维导图，图示如下：

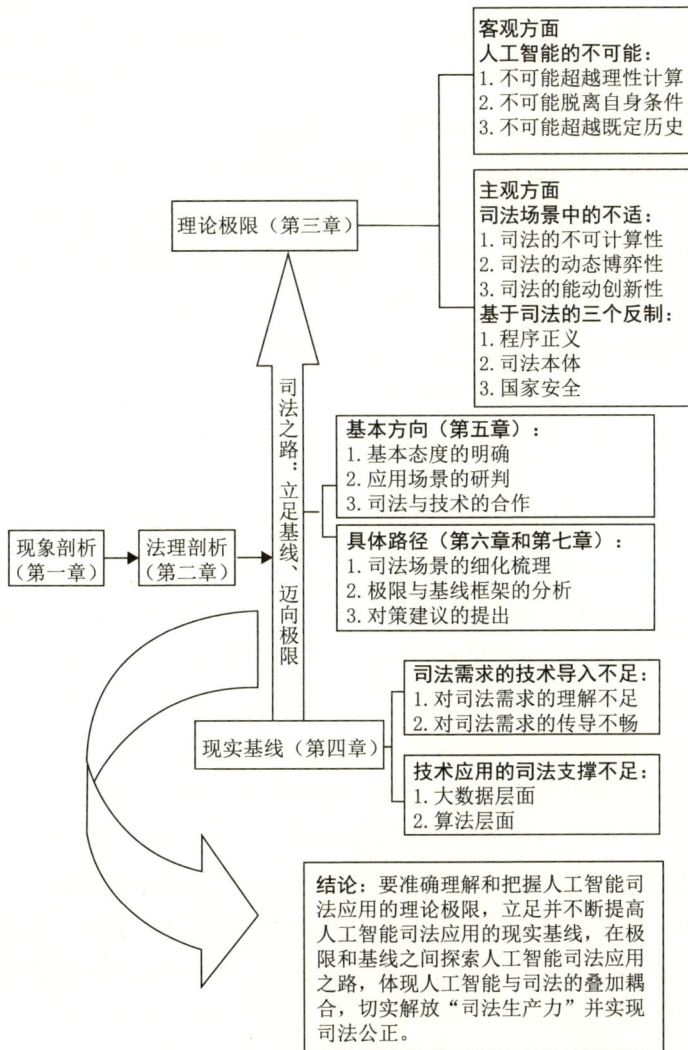

理论极限（第三章）	客观方面 人工智能的不可能： 1. 不可能超越理性计算 2. 不可能脱离自身条件 3. 不可能超越既定历史
	主观方面 司法场景中的不适： 1. 司法的不可计算性 2. 司法的动态博弈性 3. 司法的能动创新性 基于司法的三个反制： 1. 程序正义 2. 司法本体 3. 国家安全

司法之路：立足基线、迈向极限

现象剖析 （第一章）	法理剖析 （第二章）

基本方向（第五章）：
1. 基本态度的明确
2. 应用场景的研判
3. 司法与技术的合作

具体路径（第六章和第七章）：
1. 司法场景的细化梳理
2. 极限与基线框架的分析
3. 对策建议的提出

现实基线（第四章）

司法需求的技术导入不足：
1. 对司法需求的理解不足
2. 对司法需求的传导不畅

技术应用的司法支撑不足：
1. 大数据层面
2. 算法层面

结论：要准确理解和把握人工智能司法应用的理论极限，立足并不断提高人工智能司法应用的现实基线，在极限和基线之间探索人工智能司法应用之路，体现人工智能与司法的叠加耦合，切实解放"司法生产力"并实现司法公正。

本书框架结构思维导图图示

三、研究方法

总体上,本书首先通过搜集大量资料和请教相关的技术人士,力求尽可能准确地以实证的方式描述人工智能发展的现状和其在司法领域中的应用情况、条件和动因等。其次,结合法哲学层面关于司法人工智能基本矛盾的分析,运用司法、技术的交叉学科研究、实证考察等方法厘定人工智能司法应用的理论极限和现实基线。再次,结合笔者熟悉的司法场景和对法院实践运行情况的掌握,运用极限与基线的分析框架,提出具体环节领域中司法人工智能应用的具体对策建议。

(一) 重视实证考察研究

凭借笔者近八年的民商事审判经验,加之对北京市高级人民法院、北京市第二中级人民法院、北京市第一中级人民法院、北京互联网法院的调研座谈、法官咨询和课题合作,本书对司法运行场景和司法需求的理解和把握较为敏锐、客观,杜绝了需求模拟式的研究。此外,对于人工智能的现状、由来和发展,笔者也翻阅了大量的一手中、英文资料和各类新闻报道。

(二) 着力交叉学科研究

基于本书的交叉学科属性,结合本人文科生的现实,笔者重点深入一线开发单位,积极参与由科技部招标,中科院自动化研究所、华宇元典有限公司合作开发的法院人工智能项目和中国司法大数据研究院的司法人工智能开发相关工作,为进一步了解司法人工智能的本质和技术原理、更好地开展交叉研究奠定了基础。

(三) 突出应用法学研究

在理论分析的基础上,依托笔者的法官工作经历和相关法院的工作纽带，笔者深入梳理了司法人工智能应用的各种具体场景、可能和限度、存在的现实条件、具体问题，有针对性地提出了具体对策，从而更好地突出应用法学研究的属性，以期为司法决策者、司法人工智能开发者提供有益的启示。

第三节　贡献和不足

本书试图在以下几个方面作出突破和创新，但也存在若干不足。

一、主要贡献

总体上说，本书在人工智能本质和技术原理、理论分析框架和具体对策建议方面作出了一定的贡献，具体如下。

（一）立足和回归人工智能本质和技术原理这一基础问题

哲学家维特根斯坦饶有意味地说："别人走远了，我就待在原地。"这句话旨在突出对本源性、基础性问题进行反思和批判的重要性，这是因为，本源性基础性问题的错误将导致"南辕北辙"的严重后果。[1]要研究司法人工智能，就必须对人工智能的本质和技术原理有基本的了解。作为文科生，这显然是有难度的，但本书毕竟是法学研究而非工程学研究，故无须纠结于技术细节。在这样一种考虑下，笔者拜读了大量关于人工智能的科普性著作、文章，涉及计算机的设计原理、大数据的信息哲学理论等，从而得出了人工智能是机器智能而非有机智能的结论。其基本原理是，在算法的设计和算力的保障

---

〔1〕　参见赵汀阳：《第一哲学的支点》，生活·读书·新知三联书店 2013 年版，前言部分。

下,从大数据中挖掘出隐蔽而确定的规律或信息,从而提高和拓展人类的认知。此外,本书对机器学习的运行原理、算法的属性等有一定涉猎,也考证了国内外早期关于司法人工智能的研究和实践,特别是钱学森等在此方面的设想,已经得到了当下实践的证实,至今仍有重要的理论指导意义和现实意义。应当说,这些努力立足于基础问题,系"返璞归真"式的思考,在一定程度上是对人工智能的"祛魅",消弭了不必要的科幻色彩,提倡以一种更务实的态度将其引入司法领域。

(二)总结和提炼出理论极限和现实基线这一分析框架

在抽象的法哲学层面,本书立足于人工智能工具属性的具体表现,较为深入地分析了司法人工智能"善假于物"和"司法异化"这对基本矛盾,并对矛盾主要方面的具体表现进行了较为全面的论述。在此基础上,总结和提炼出理论极限和现实基线这一分析框架,这对于司法人工智能的总体方向和具体应用具有重要的意义。因为,不清楚极限会做无用功甚至起反作用,而不提高基线就无法实现降维打击。在这个意义上,司法人工智能的应用之路可以被概括为:提高基线、迈向极限。在这样的考虑下,本书进一步对理论极限和现实基线的主要方面进行了深入的探索,既有司法维度,也有技术维度,较好地体现了交叉研究的属性。诚如卡尔·皮尔逊所言:"整个科学的统一仅在于它的方法,不在于它的材料。"[1]基于此,本书提出上述分析框架,重在为司法人工智能的研究和应用提供一种方法论意义上的启示,而不仅仅是文献材料上的贡献。

---

[1] [英]卡尔·皮尔逊:《科学的规范》,李醒民译,华夏出版社1999年版,第15页。

（三）　分析和提供司法人工智能具体应用的对策建议

法学是经世致用之学[1]，法学研究的贡献不仅在于对理论命题的有效提炼和深入研究，更在于对现实问题的敏锐捕捉和真诚回应。在总体上，本书既提出了理论设想，也提供了若干政策建议，尽管这些设想和建议未必正确，但至少不是"正确的废话"或在无病呻吟。鉴于目前人工智能司法应用的研究多是方向性的或是较为初级的，本书根据极限与基线的分析框架，在系统和全面地梳理总结司法场景的基础上，明确了发展司法人工智能的总体方向，着重探索人工智能司法应用的可能、限度、面临的条件、存在的问题和具体的对策建议，希冀为司法决策者和司法人工智能开发者提供有益的启示和参考，从而更好地突出"应用法学"属性（详见后文所附关于司法人工智能应用的 20 条建议）。

二、两大不足

基于研究的难度和笔者在知识结构、实践经验上的局限性，本书难免存在不足，而这也是以后应当改进的地方，主要包括以下几个方面。

（一）　知识结构的局限导致交叉研究缺乏深度

本书最大的难点在于司法与人工智能的结合，对于拥有文科生背景的笔者来说，对人工智能的理解仅能停留在对本质和运行原理层面，而对人工智能的技术框架特别是更为具体的细节则必然缺乏深刻的把握，这就造成此种交叉研究只能是总体

---

[1]　参见周旺生：《法理探索》，人民出版社 2005 年版，第 3~6 页。朱苏力也认为法学的重要特点就是务实和世俗。参见苏力：《制度是如何形成的》（增订版），北京大学出版社 2007 年版，第 149~157 页。

性的、方向性的，缺乏深度。这特别体现在以下两个方面：一是技术需求的司法支撑方面。和技术人员模拟司法需求一样，司法工作人员模拟技术需求也是存在失真、不足甚至缺陷的，如本书只能基于司法大数据的真正要求论及司法公开的力度和广度，而对于裁判文书的结构化要求或具体技术标准如何契合技术应用这一问题，显然没有足够的知识作出判断。二是算法规制方面。规制的正当性只要从司法民主、司法平等、司法公开等价值出发就能够得到论证，而对于规制的具体方式则要和技术本身紧密结合起来，对哪些算法存在事前的可解释性、哪些算法可通过事后评测运用来保证其安全有效的判断，就要依靠对技术框架和具体细节的掌握。

（二）实践经验的局限导致具体应用缺乏广度

作为以民商事审判为背景的研究者，笔者对司法人工智能司法应用的研究也主要以此为重点。在法院管理方面，本书只是择取了若干不同层面的典型要点，如智能分案（审判管理）、法官绩效考评（司法人事）、司法社会治理（司法决策）加以论述，而实践中的法院管理显然不止于此。在司法审判方面，本书仅在总体上按流程分为网上立案、电子送达、智能庭审、智能裁判，此种概括是为了研究的便利和体例的规整，对具体场景的梳理也没有更为细化，亦难免疏漏，如对于要素审判的梳理应用就没有进一步区分各类具体案由的差异。而且，限于审判经验的匮乏，本书也极少涉及刑事、执行领域，从而也无法比较民商事领域和这两个领域的具体差异。这些局限导致本书对司法人工智能具体应用的研究欠缺广泛性和细致性。

以上两大不足是笔者所意识到的，限于学识和能力，本书必然还多有不足或疏漏，有待求教于方家，并在今后进一步改进。

理 论 篇

　　理论篇包括第一章至第四章。主要从人工智能走向司法这一现象和趋势入手，结合了人工智能的现状、由来和发展，探讨了人工智能的本质，并对"司法人工智能热"的条件和动因进行了分析。在此基础上引申出了司法人工智能基本矛盾这一法理命题，从人工智能的工具属性出发，较为详尽地阐释了"善假于物"与"司法异化"这对基本矛盾。并据此提出了理论极限和现实基线这一分析框架，集中探讨了司法人工智能的可为、不可为和不可接受的问题，和发展司法人工智能的现实条件和存在的主要问题，从而为后面的总体方向、具体应用奠定理论基础。

第一章
人工智能走向司法

人工智能在本质上系基于大数据、算法和算力的机器智能，而非有机智能，故应对其做工具主义的定位。在现代信息社会，大数据和人工智能技术的发展势不可当，在人们还未及研究和规划之时，其已从电商行业、金融行业逐步走向相对保守的司法领域，从而催生了"司法人工智能热"。从客观条件来说，这是人民法院信息化建设的必然延伸和成果。从直接动因来看，顶层设计层面的制度助推无疑发挥了很大的作用。

第一节　人工智能的工具主义定位

当下对人工智能的讨论，总不乏有些科幻或浪漫主义色彩，担心所谓的超人工智能将具有主体意识，从而威胁人类的生存。然而，这并不符合当下现实，目前的人工智能仅限于理性计算领域，远未扩展至通用领域，更不用说触及人类情感意志层面了。通过对人工智能的由来和发展的考察，可以发现，人工智能主要是在工程学意义上的研究和使用。而本来人工智能的实质是，以大数据、算法、算力为基础和动力的机器智能，并非有机智能。故而应对人工智能做工具主义的定位，并以此为基点延伸至司法人工智能方面的讨论。

一、超人工智能并不符合当下现实

不管是有意还是无意，人工智能总是被披上"科幻的外衣"。一些未来学家、产业人士、媒体设想人工智能将经历弱人工智能、强人工智能和超人工智能三个发展阶段。在超人工智能阶段，机器将具有自主意识，从而威胁人的生存。[1]霍金称："如果现在我们不遗余力地发展人工智能，这可能导致人类的灭绝。"[2]科技狂人埃隆·马斯克也坚信这一点，他甚至为此提出了解决方案——人机融合，其逻辑是：与其人类将来被人工智能消灭，不如将人类和人工智能融为一体，不分你我。为此，埃隆·马斯克专门成立了神经科学公司（Neuralink），专门研究如何给大脑里植入芯片等脑机对接技术，为人机融合做准备。[3]至于媒体的报道，则不乏夸大或夺人眼球的因素，诸如将人工智能在围棋领域的胜出不当地扩大至各个领域、授予机器人国籍等[4]。

---

〔1〕 李恒威、王昊晟："人工智能威胁与心智考古学"，载《西南民族大学学报（人文社会科学版）》2017 年第 12 期，第 76~83 页。

〔2〕 Stephen Hawking Warning：Artificial Intelligence could destroy civilization，by Hannah Osborne，July 11，2017，https://www.newsweek.com/stephen - hawking - artificial-intelligence-warning-destroy-civilization-703630，accessed October 11，2018.

〔3〕 Elon Musk launches Neuralink，a venture to merge the human brain with AI，By Nick Statt，Mar 27，2017，https://www.theverge.com/2017/3/27/15077864/elon - musk-neuralink-brain-computer-interface-ai-cyborgs，accessed October 13，2018.

〔4〕 2017 年 10 月，在沙特阿拉伯利雅得举行的一次以创新为主题的专业会议上，该国宣称自己是世界上第一个赋予机器人公民身份的国家，引发了各界的关注。发明了这个名为索菲娅（Sophia）机器人的大卫·汉森声称为机器人安装了许多人工智能装置，可以识别人脸。有报道称，机器人的脸部用硅胶做成，可以呈现 62 种人类表情。参见"首位人类国籍机器人：'索菲娅'获沙特公民身份"，载 http://www.cssn.cn/gj/gj_gjzl/gj_ggzl/201710/t20171031_3689730.shtml，2018 年 10 月 12 日访问。

　　但这种关于超人工智能的设想和应对并不符合当下的现实。一方面，目前的人工智能应用尚仅限于理性计算领域，在人工智能发展的标志性事件——Alphago 战胜李世石事件中，人工智能之所以胜出，是在于机器对于可能棋局和落子胜算概率的精准计算，而并非在主体性上优于人类。或者更准确地说，是人发明、利用机器打败了人，而不是机器本身打败了人。另一方面，目前的人工智能并不具备通用智能，更不用说情感意志了。如在"叠衣服"的测试中，机器人到现在还不能做到像人类一样从容不迫地把衣服从洗衣机里拿出来，分门别类，一件件叠好。[1]DeepMind 联合创始人哈萨比斯（Demis Hassabis）在《经济学人》创新峰会上也谈及深度学习尚不足以解决通用人工智能问题："大脑是一个综合系统，但大脑的不同部分负责不同的任务。海马体负责情景记忆，前额叶皮质负责控制，等等。你可以把目前的深度学习看作是相当于大脑中的感觉皮层中的一样东西：视觉皮质或听觉皮质。但是，真正的智能远不止于此。你必须把它重新组合成更高层次的思维和符号推理，这是 80 年代经典 AI 试图解决的问题。"[2]

二、人工智能的由来和发展

　　要对人工智能做出较为客观、现实的理解，自然要对人工

---

　　〔1〕　参见〔美〕约翰·布罗克曼编著：《如何思考——会思考的机器》，黄宏锋等译，浙江人民出版社 2017 年版，第 70~73 页。

　　〔2〕　Google DeepMind founder Demis Hassabis：Three truths about AI, By Nick Heath, September 24, 2018, 6：51 am, https：//www. techrepublic. com/article/google-deepmind-founder-hassabis-three-truths-about-ai/, accessed October 23, 2018. "哈萨比斯：AI 将带来诺奖级突破，但深度学习解决不了通用 AI"，载 http：//www. sohu. com/a/256002782_ 473283，2018 年 10 月 23 日访问。

智能的由来和发展进行一番考察。

在某种意义上说,人工智能(Artificial Intelligence, AI)并非新兴事物。据学者的考证,人工智能这一概念系数学家约翰·麦卡锡、计算机与认知科学家马文·明斯基、IBM 系统设计师纳萨尼尔·罗切斯特和信息论创始人克劳德·香农等在举办"达特茅斯夏季人工智能暑期研究会议"时提出的。当时的会议策划书载明:"我们提议 1956 年暑期在新罕布什尔州汉诺威城的达特茅斯学院举办一场为期两月、十人参加的研讨会。本次研讨会将以这样一个猜想为基础而展开:学习的每一环节以及智力的其他方面原则上都可以得到如此准确的描述,以至于我们可以制造出一台机器对其进行模拟。我们将尝试发现如何让机器使用语言、提出抽象命题和概念、解决某些目前留给人类去解决的难题以及实现自我改进。我们认为,只要一群经过精挑细选的科学家在一起工作一个夏天,我们在这些方面就可以取得一项或多项重大进展。"[1]也就是说,人工智能的核心无非是机器如何模拟可以准确表达的学习或智力的某个环节,目的在于以机器的方式实现人脑能够实现的价值或作用。姚海鹏等在其著作《大数据与人工智能导论》中也明确提出:"从计算机应用系统的角度出发,人工智能是研究如何制造智能机器或者智能系统来模拟人类智能活动的能力,以延伸人类智能的科学。"[2]

---

〔1〕 John McCarthy, Marvin Minsky, Nathaniel Rochester and Claude Shannon, A Proposal for theDartmouth Summer Research Project on Artificial Intelligence (31 August 1955), p.1, http://raysolomonoff.com/dartmouth/boxa/dart564props.pdf, accessed October 21, 2018.

〔2〕 姚海鹏等:《大数据与人工智能导论》,人民邮电出版社 2017 年版,第4 页。

随后，围绕着以上核心问题，人工智能的发展经历了三次浪潮，并在技术和产业上逐步走向成熟。第一次浪潮发生于 20 世纪 50 年代末至 20 世纪 80 年代初，以符号主义或逻辑主义为核心，出现了奠基性的算法模型（如深度学习模型的雏形贝尔曼公式），用机器去证明和推理一些知识，但基于数学模型、手段的先天缺陷和计算复杂程度的指数级增长，人工智能也随之步入低谷。第二次浪潮发生于 20 世纪 80 年代初至 20 世纪末，以连接主义为核心，即 "出自大规模连接的命令"（order emerging out of massive connections），出现了多层神经网络（1986 年）和 BP 反向传播算法（1986 年）等数学模型，专家系统也得以应用，但限于成本高、维护难、产业应用不足等原因，人工智能还是归于沉寂。第三次浪潮发生于 21 世纪初至今，随着信息技术的快速发展和互联网的快速普及，大数据资源已然成形，加之脑计算、深度学习、强化学习等一系列技术的突破、资本和产业的高度融合，人工智能最终迎来了第三次高速成长。其中，基于大数据的深度学习可谓本轮人工智能最重要、应用最广泛的技术。[1]

根据上述考察，人工智能主要是在工程学意义上的研究和使用，并不直接涉及情感、意志等生物学范畴。也就是说，在人类尚不能理解自身大脑和认知是如何发生的情况下，过于担忧人工智能的自主意识及其可能产生的威胁并无必要，将来是否会出现超人工智能则有待于计算机科学和生命科学等学科的进一步研究和发展。

三、本轮人工智能的本质

从人工智能的由来和发展来看，实现人工智能的具体方法

---

〔1〕 参见中国电子学会编制：《新一代人工智能发展白皮书（2017）》，第 104 页。

是不同的。吴军在《智能时代:大数据与人工智能革命重新定义未来》一书中,将人工智能的定义分为狭义和广义两种。狭义的人工智能专指 20 世纪 50、60 年代特定的研究机器智能的方法(也即人工智能 1.0 版),坚持机器人要像人一样思考才能获得智能,并形象地称之为"鸟飞派"[1]。广义的人工智能[2],则还包括通过数据驱动、知识发现或者机器学习等现代方法实现的机器智能(不妨将其称为现代机器智能)。通俗地说,"鸟飞派"这一传统机器智能类似于仿生学,而现代机器智能则类似于工程学。以自动翻译为例,"鸟飞派"的智能要求机器能够理解和模拟人类语言的语法并寻找到对应的映射关系,但这种方法无法让计算机真正有类似于人的智能,并最终遇到了无法克服的困难,因为对于有些语义的理解来自于人们的常识或者说关于世界的知识(World knowledge),而非来自语法分析和语意本身。[3]相反,依赖于数据驱动的现代机器智能另辟蹊径,它基于"统计+数据"的方法,训练出了有效并能不断改

---

〔1〕 在飞机的发明史上,东西方均模仿鸟(也即按照仿生学的思路)进行设计和实验,如将鸟的羽毛作成翅膀绑在人的胳膊上往下跳,结果归于失败。实际上,莱特兄弟发明飞机靠的是空气动力学而非仿生学。参见吴军:《智能时代:大数据与智能革命重新定义未来》,中信出版社 2016 年版,第 46~47 页。

〔2〕 著名科学作家凯文·凯特也反对人工智能的提法,这是因为人类的智能只是各种不同智能中的一种,而机器的智能和人类的智能是不一样的。人类迟钝、懒散,却是伟大的思想家,机器快速、准确,但却十分愚蠢。参见 [美] 约翰·布罗克曼编著:《如何思考——会思考的机器》,黄宏锋等译,浙江人民出版社 2017 年版,第 60~62 页。

〔3〕 明斯基在《语义信息处理》(Semantic Information Processing)一书中分析了所谓的人工智能(指"鸟飞派"人工智能)的局限性,对"The pen was in the box"(钢笔在盒子里)和"The box is in the pen"(盒子在围栏里)这两个句子,语法相同,但机器恐怕无法判断"pen"究竟在何种情况下应当被翻译为围栏或盒子。参见吴军:《智能时代:大数据与智能革命重新定义未来》,中信出版社 2016 年版,第 48~49 页。

进的数学模型，并根据数学概率论等精准地找到翻译语言的对应关系。在这种方法下，句子并不被理解为是否符合语法规则，而是各个词组组合的概率大小如何，也即一个句子是否合理，要看它的可能性大小如何。[1]也正是在这个意义上说，机器智能最重要的是能够解决人脑所解决的问题，而不在于是否需要采用和人一样的方法。[2]人们相信，只要有充分且质量可靠的数据，这种机器智能的方法在理论上就是有效的。

事实上，人工智能之所以复兴，关键也在于大数据的突破性进展。"近年来人工智能之所以能取得突飞猛进的进展，正是因为这些年来大数据的持续发展。而各类感应器和数据采集技术的发展，人类开始获取以往难以想象的海量数据，同时，也开始在相关领域拥有更深入、详尽的数据。而这些数据，都是训练相关领域智能的基础。"[3]一方面，平台经济的发展融合了线上线下空间，推动了各种设备的互联互通，使人们在"嵌入"以互联网物联网为技术基础的社会网络体系的同时，时时刻刻产生和留存着大量的可供分析和产品化的数据，个人在某种意义上也成了"量化自我"[4]。另一方面，支撑这些海量数据存储和运算的算力条件也不是问题，正如摩尔定律所

---

〔1〕　参见吴军：《数学之美》，人民邮电出版社 2014 年版，第 27~32 页。

〔2〕　参见吴军：《智能时代：大数据与智能革命重新定义未来》，中信出版社 2016 年版，第 46~85 页。

〔3〕　姚海鹏等：《大数据与人工智能导论》，人民邮电出版社 2017 年版，第 5 页。

〔4〕　James Hendler and Alice M. Mulvehill, "Social Machines: The Coming Collision of Artificial Intelligence", *Social Networking and Humanity*, A Press, 2016, p. 153. 转引自郑戈："人工智能时代的主权、安全与自由"，载《信息时代：国家治理与权利保障——第五届中法宪法论坛论文集》，第 1 页。钱学森："现代科学技术与法学研究和法制建设"，载《政法论坛》1985 年第 3 期。

表明的：当价格不变时，集成电路上可容纳的元器件的数目，约每隔 18 个月至 24 个月便会增加一倍，性能也将提升一倍。也就是说，信息技术的加速度发展使得数据处理成本日益低廉，人工智能的发展基本上不存在硬件上的瓶颈。在这样的条件下，就有可能在海量的大数据中发掘出多维度的信息，从而在知识应用领域发生从量变到质变的飞跃。

本轮人工智能得以迅速发展的另一个技术原因是，与大数据密切相关的算法的发展。机器学习，就是从已知的知识（特征）出发，利用概率统计等数学计算方法来得到某种数学规律（模型），并利用所得数学规律来计算并完成任务。概括地说，就是利用事物本身具有的数据特征，用数学的表达方式来构建数学模型并完成既定的任务。以人类认知星空为例，这里的"任务"就是要对星星接下来的运动作出预测，"特征"是星星的运动状态以及观测时间，"模型"就是通过时间和运行轨迹来得到星星的运行规律。[1] 此处的模型也即算法。之所以说算法与大数据密切相关，一方面是因为算法要经由大数据训练而来，且数据样本越全质量越可靠，相应的算法也就越有效，这也是算法改进的基础所在；另一方面，与以往众多的数据分析技术相比，本轮人工智能技术立足于神经网络，并在此基础上发展出多层神经网络，从而突破了传统的线性建模算法，完全利用输入的数据自行模拟和建构相应的模型结构。这种算法在以往也存在，但因算力不足、数据不够等原因，几乎没有实际应用的价值。如今，高速并行运算、海量数据及更优化的算法打破了这一局面，并共同促成了人工智能发展的

―――――――――――

〔1〕 姚海鹏等：《大数据与人工智能导论》，人民邮电出版社 2017 年版，第 26 页。

突破。[1]

综上，可以看出，本轮人工智能的实质是以大数据、算法、算力为基础和动力的机器智能，并非有机智能。其中，大数据是核心，无论是对算法的开放设计，还是对算力的提升强化都围绕着这一"基础资产"而展开。同时，这也意味着，本书摒弃了以仿生学的思路来探讨人工智能及相关司法应用问题[2]，诸如机器人人格、机器人法官之类的提法均不在讨论之列，而是从工具论意义上审视人工智能的司法应用。

第二节　"司法人工智能热"的兴起

无论我们是否愿意，大数据和人工智能等信息技术的发展均已经渗透到各个行业和领域，也必将给法律和司法运行带来深刻的影响和变革。事实上，人工智能和司法的结合并不是新近时期的事情，国内外早有相关研究和实践。

一、国外司法人工智能概况

根据学者的考证，早在 20 世纪 50 年代起，国外就有将人工智能技术应用到法律信息归类、检索、咨询和裁判等领域的设想和尝试。卢西恩（Lucien）于 1958 年提出了法律科学的信息化处理，布坎南（Buchanan）于 1970 年在《关于人工智能

---

〔1〕　参见姚海鹏等：《大数据与人工智能导论》，人民邮电出版社 2017 年版，第 5~6 页。

〔2〕　郑戈提出，赋予自动化决策（ADM）能力的人工智能以法律人工并不是一种完全不可行的模式，不可行的是目前这种缺乏相应法律能力和法律责任分配机制的简单拟人化模式。郑戈："算法的法律与法律的算法"，载《中国法律评论》2018 年第 2 期。

和法律推理若干问题的考察》一文中探讨了法律推理模型的可行性。此后，基于规则和案例的法律推理模型或专家系统大量涌现，如用于分析公司税务法的 TAXMAM 系统（1977 年）、用于处理工人事故补偿的 IKBALSI 系统（1989 年）、用于处理离婚财产分割的 Split-Up 系统等（1995 年）。[1]在本轮人工智能热潮中，国外司法实务也在积极利用信息化手段开展网上立案、电子送达、在线审理等诉讼活动。如美国纽约州已经有了相对健全的网上立案、送达系统 NYSCEF，并允许在个别刑事及家庭法院的案件中与一方当事人进行网上视频沟通[2]；也进一步发展出了为我们所熟知的协助处理破产案件的人工智能律师 ROSS、辅助法官量刑的风险评估软件 COMPAS、PSA 和 LSI-R。

二、国内司法人工智能概况

国内研究的起步则要略晚些。根据检索，龚祥瑞、李克强在 1983 年发表了《法律工作的计算机化》，前瞻性地提出要将正在兴起的计算机技术全面地应用于法律工作，克服人的偏

---

〔1〕 See Lucien Mehl, *Automation in the Legal World*, *Proccedings of Conference on the Mechanisation of Thought Process*, Teddington, 1958. Buchanan & Headrick, Some Speculation About Artificial Intelligence and Leagal Reasoning, *Stanford Law Review* (1970), pp. 40~62. Anne von der Lieth Gardner, *An Artificial Intelligence Approach to Legal Reasoning*, MIT Press Cambridge, MA, USA, 1987, pp. 1~50. Cal Deedman, Smith J. C., *The Nervous Shock Adviser: A Legal Expert System in Case—based Law*, *Operational Expert Systems Applications in Cananda*, Ching Y. Suen and Rajjan Shinghai eds., Pergamon Press Oxford, 1991, pp. 56~71. 转引自张妮、杨遂全、蒲亦非："国外人工智能与法律研究进展述评"，载《法律方法》2014 年第 2 期，第 459~460 页。

〔2〕 Janet DiFiore, Electronic Filing in the New York State Courts (2018): Report of the Chief Administrative Judge to the Legislature, the Governor, and the Chief Judge of the State of New York, http://ww2. nycourts. gov/sites/default/files/document/files/2018-06/18_ E-File_ Report. pdf, accessed October 24, 2018.

见、冲动，并实现法律定性分析向定量分析的转型等。[1]钱学森将法学作为现代科学技术的一个部门，坚信现代科学技术完全可以为法学研究和法制建设服务。在 1985 年全国首次法制系统科学讨论会上，他从系统工程的角度阐释了法制建设中的现代科学技术，并将主要设想归纳为六条：①建立法制信息库；②在省、市、自治区一级建立法律咨询的电子计算机处理中心；③运用人工智能、知识工程和专家系统，把人的经验传给电子计算机；④系统辨识（其实是大数据分析）；⑤用逻辑推理检验法律系统是否周密完善；⑥建立法制和法治系统和体系。[2]现在回过头来看，实践确实沿着他们的设想在发展。自 20 世纪 80 年代起，我国就陆续有了一些值得肯定的探索和实践。例如，北京大学法律系留美回国教师张力行等人在 1985 年开发了"涉外法规查询系统"，后来这一产品演化为著名的中国法律信息检索系统"北大法宝"。此外还有由上海法学研究者朱华荣、肖开权主持的"量刑综合平衡与电脑辅助量刑专家系统"课题（1986 年）、由武汉大学法学院赵廷光教授领衔开发的实用刑法专家系统（1993 年）等。[3]至于法院方面，最早的报道可能来自山东省淄博市淄川区人民法院。其在 2006 年研制并使用了"电脑量刑"软件系统。[4]近年来，随着信

〔1〕 参见龚祥瑞、李克强："法律工作的计算机化"，载《法学杂志》1983 年第 3 期。

〔2〕 钱学森："现代科学技术与法学研究和法制建设"，载《政法论坛》1985 年第 3 期。

〔3〕 参见季卫东："人工智能时代的司法权之变"，载《东方法学》2018 年第 1 期。

〔4〕 参见王雷："山东在争议中推广电脑量刑 刑期可望精确到天"，载《南方都市报》2006 年 9 月 12 日。

息革命的深化，人工智能已经成为新一轮信息技术革命的重心和"风口"，加之中国在人工智能的资本、市场、技术、人才等方面的优势，顶层设计也希冀借此实现"弯道超车"。2016年7月出台的《国家信息化发展战略纲要》将建设"智慧法院"纳入国家信息化发展战略，2017年4月最高人民法院随即印发《关于加快建设智慧法院的意见》，周强院长更是在多个场合强调"信息化建设和司法改革是人民法院工作的车之两轮、鸟之双翼"。在前期信息化建设的酝酿和铺垫下，如审判流程公开平台、中国裁判文书网、执行信息公开平台、庭审直播平台、诉讼服务网的逐步建成和开放，法院人工智能建设开始进入"爆发性增长"阶段，并朝着"全业务网上办理、全流程依法公开、全方位智能服务"的方向发展。其中，最全面、最直接的莫过于杭州互联网法院、北京互联网法院、广州互联网法院的成立，将部分案件从线下审判搬到了线上，贯彻全程在线审理原则，健全和完善了互联网案件审判格局，以及最高人民法院司法案例研究院、司法大数据研究院的设立运行和有中国人自己的"万律"（Westlaw）之称的最大法律知识与案例应用平台——法信的上线。地方性的典型：如江西收转发 E 中心，集中于网上送达；北京睿法官、"上海刑事案件智能辅助办案系统"（上海"206"），集中于智能裁判；苏州市中级人民法院依托语音识别、语音合成、语音转换等技术支撑电子卷宗和数字法庭的发展，集中于庭审的同步留痕；江苏法院"12348"公共服务平台，集中于为群众提供公共法律服务（如法律咨询智能问答、法律服务智能导航、典型案例智能推送、法律风险智能检测、服务热点智能感知等）；深圳市福田区人民法院的融平台、以"余杭模式"为代表的道路交通事故损害赔偿纠纷"网上数据一体化处理",集中于多元化纠纷解决机制和社会治安的综合治理。[1]与此相映照,各高校、科研单位也纷纷成立了相应的研究中心,如中国人民大学的未来法治研究院、北京大学的法律人工智能实验室和研究中心、中国政法大学的大数据和人工智能法律研究中心、西南政法大学的人工智能法学院。华宇、Icourt、北大法意等技术公司也在不遗余力地开发相关产品。相关研究也呈井喷之势。笔者以"人工智能+司法"为主题在中国知网上进行检索发现,2016年至今的相关文献累计高达610余篇,而1984年至2016年的文献累计仅有48篇。

第三节 司法人工智能的条件和动因

从客观条件来看,人民法院信息化建设正按照"电子化""网络化""智能化"的路径有序推进,为司法人工智能的发展奠定了良好的基础,人工智能本身也是法院信息化建设的必然成果。而从直接动因来看,顶层设计将智慧法院作为国家信息化战略的重要组成,大大助推了司法人工智能的发展。

一、客观条件:人民法院信息化建设成效

本轮人工智能的发展是以大数据为基础和前提的,而大数据的真正形成和发展则又离不开信息化建设。在考察目前"司法人工智能热"时,应回溯人民法院信息化建设的历程,总结

---

〔1〕 详细的描述和介绍可参见中国社会科学院法学研究所法治指数创新工程项目组:"2017年中国法院信息化发展与2018年展望",载李林、田禾主编:《中国法院信息化发展报告 No.2(2018)》,社会科学文献出版社2018年版,第7~18页。

经验教训并从中得到启示。因为，司法人工智能既是人民法院信息化建设的必然成果，也是信息化建设的重要组成，它与其他各方面的信息化建设工作存在着相互支撑、互相促进的共生关系。

信息化已经是现代化法院的重要标志。一般来说，人民法院的信息化是指以计算机网络硬件、软件平台为中心，以现代通信网络为载体，充分利用现代科技手段，实现人民法院信息采集、制作、传输、发布、存储、利用手段的现代化，构筑以人民法院审判信息为中心的全国法院司法信息数据库，实现法院系统的信息资源共享，并提供司法信息服务的系统建设工程。它包括审判管理信息化、队伍建设信息化、执行机制信息化、办公信息化、后勤保障信息化、法庭建设信息化等。[1]早在1996年，最高人民法院就开始着手规划人民法院信息化工作，在当年召开的"全国法院通信及计算机工作会议"上，部署了全国法院计算机网络建设工作，确定北京、上海、江苏等八家高级人民法院及其所辖法院为全国法院计算机网络系统建设的试点单位，标志着人民法院信息化工作的正式起步。应当说，这一阶段的人民法院信息化工作在硬件建设、软件开发、安全体系方面取得了较为显著的成绩。2002年至2012年，法院信息化进入普遍推进阶段。最高人民法院越来越意识到，司法改革与信息化建设存在密不可分的内在关系，在司法改革的具体目标中有相当一部分都要不同程度地依赖于信息化手段。故在此期间，最高人民法院印发了一系列关于人民法院信息网络系统建设的规定、规划、技术规范、基本要求和实施方案等，并

---

〔1〕 参见山东省高级人民法院办公室："信息化——现代化法院的重要标志"，载《山东审判》2003年第1期，第17~18页。

将其作为人民法院改革的一项主要任务。[1]2013 年至 2015 年间，最高人民法院要求每年举行一次全国法院信息化工作会议，以明确人民法院信息化工作的指导思想和工作任务。在不断努力之下，截至 2015 年，信息化基础设施建设基本完成，核心应用系统日益成熟，司法信息资源的搜集整合及管理使用初见成效，信息化保障体系不断完善，中国法院已经建成以互联互通为特征的人民法院信息化 2.0 版。[2]2016 年以来，各级人民法院在人民法院信息化 2.0 版的基础上，按照《人民法院信息化建设五年发展规划（2016-2020）》确定的 4 个方面 55 项重点建设任务的要求，大力推进信息化建设的转型，集中到以数据为中心的人民法院信息化 3.0 版的应用建设，具体包括：基于网络全覆盖（全国 3520 个法院、9277 个人民法庭和海事派出法庭全部接入法院专网）的全业务网上办理，基于司法公开和诉讼服务平台建设（审判流程、裁判文书、执行信息、庭审公开、全国企业破产重整案件信息等）的全流程审判执行要素依法公开和面向法官、诉讼参与人和政务部门的智能化服务（以智审系统为代表的智能化辅助办案系统、庭审语音识别转录系统、庭审自动巡检系统、最高人民法院数据集中管理平台等）。[3]

应当说，司法人工智能的"茁壮成长"得益于信息化建设这一"优质土壤"。具体地说，人民法院信息化 1.0 版以"数字化"为核心，关注纸质文档向电子文档的转化，人民法院信

---

〔1〕 蔡长春："人民法院信息化 3.0 版'智慧法院'为司法事业插上腾飞翅膀"，载《法制日报》2016 年 4 月 12 日。

〔2〕 蔡长春："人民法院信息化 3.0 版'智慧法院'为司法事业插上腾飞翅膀"，载《法制日报》2016 年 4 月 12 日。

〔3〕 参见李林、田禾主编：《中国法院信息化发展报告 No.1（2017）》，社会科学文献出版社 2017 年版，第 2~4 页。

息化2.0版则以"网格化"为核心,关注法院工作方式由线下向线上的转化〔1〕,两者共同为司法人工智能奠定了硬件和软件基础,实现了法院系统层面的互联互通。而人民法院信息化3.0版则以"智能化"为核心,要考虑的重点是,如何更有效地利用所留存和正在生成的各类数据,通过智能化的处理,更好地将其应用于司法审判、法院管理和社会服务。

二、主观动因:顶层设计的助推

"司法人工智能热"的催生,不仅仅基于上述人民法院信息化建设的客观条件,更得益于顶层设计的助推。一方面,这种助推系对人民法院此前长达二十多年信息化建设积累的充分认同和持续转化。另一方面,也是配合国家信息化发展战略的需要。党的十九大工作报告提出,要加快建设创新型国家,为建设科技强国、网络强国、数字中国、智慧社会提供有力支撑。而依托现代人工智能的各地智慧法院建设,也是建设网络强国和智慧社会的重要组成部分。正是在这样的顶层设计下,"智慧法院"建设也于2016年被纳入《国家信息化发展战略纲要》和《"十三五"国家信息化规划》,上升到国家战略层面的高度,而最高人民法院也随之出台了《关于加快建设智慧法院的意见》等文件。在2020年的两会上,最高人民法院工作报告五次提及"智慧法院",认为智慧法院有力提升了审判质效,将其和司法改革并誉为人民法院审判体系和审判能力现代化的"车之两轮、鸟之双翼",并特别强调智慧法院在疫情防控期间"大显身手"。报告中的数据显示:互联网法院案件平

---

〔1〕 参见王禄生:"司法大数据与人工智能技术应用的风险及伦理规制",载《法商研究》2019年第2期,第104页。

均审理周期为 42 天，比传统模式缩短了 57.1%；全国法院网上立案 136 万件、开庭 25 万次、调解 59 万次，电子送达 446 万次，网络查控 266 万件，司法网拍成交额 639 亿元，执行到位金额 2045 亿元。[1]

立足于国家信息战略层面，这种助推不是局部性、阶段性的，而是全面性、长期性的。正如有学者所总结的，当前的司法大数据与人工智能技术应用具有鲜明的时代特征，包括范围全面性（从传统流程管理扩展至司法管理领域之外的司法公开、诉讼服务、案件审判、判决执行等业务环节）、功能根本性（从传统意义上的司法效率提升上升到优化审判体系、提升司法能力、改善审判质效、实现同案同判、维护司法公正等）、地位关键性（与司法改革等量齐观并被誉为"车之两轮、鸟之双翼"）、态度开放性（一改被动保守的态度并与国家信息化战略发展同步）。[2]而之所以具有如此鲜明的时代特征，本质上在于这种顶层设计的助推内含着一种更为高远的期待："把深化司法体制改革和现代科技应用结合起来，不断完善和发展中国特色社会主义司法制度。"在具体实践中，也不难寻觅可能符合上述"高远期待"的实例。例如，依托司法大数据和人工智能的"静默监管"就有可能在很大程度上解决法院管理行政化的问题；又如，依托同样技术的"类案类判"项目也有可能探索出不同于西方判例法，但却有助于实现我国统一裁判标准的司法体制机制建设。

〔1〕 参见"最高人民法院工作报告——2020 年 5 月 25 日在第十三届全国人民代表大会第三次会议上"，载 http://www.court.gov.cn/zixun-xiangqing-231301.html，2020 年 6 月 4 日访问。
〔2〕 参见王禄生："司法大数据与人工智能技术应用的风险及伦理规制"，载《法商研究》2019 年第 2 期，第 103~105 页。

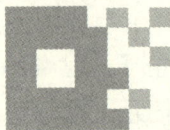

第二章
司法人工智能的基本矛盾

工具主义定位的司法人工智能仍要遵循工具论的基本规律和逻辑。从这个意义上看，"善假于物"与"司法异化"构成司法人工智能的基本矛盾。一方面，应充分理解和认识司法人工智能这一工具的属性、功能，和它可能给司法带来的积极效果；另一方面，也要客观评估、预判司法人工智能的弊端、风险，并对可能存在的消极应用予以有效的规制。

第一节　工具属性的具体表现

人类一直有借助外力或工具延伸自己的冲动。早在春秋战国时期，荀子就意识到了这一点，其在《劝学》篇对此作了精辟的总结："登高而招，臂非加长也，而见者远；顺风而呼，声非加疾也，而闻者彰。假舆马者，非利足也，而致千里；假舟楫者，非能水也，而绝江河。君子生非异也，善假于物也。"[1]只不过，那时生产力落后，人类主要依靠自然力、车马船等工具来替代或延伸自己的体力。尽管后来也有算盘等工

---

〔1〕《荀子·劝学》。

具来辅助人的简单运算，但这是极为初级的，仅局限于"加减乘除"，谈不上自动化处理。随着信息化进程的发展，人工智能获得了长足的进步，开始在辅助或替代脑力劳动方面发挥更大的作用。具体来说，人工智能（包括司法人工智能）在工具性方面有如下具体表现。

一、信息的多维度

如上所论，本轮人工智能的本质是基于大数据、算法和算力的机器智能。其中，最为核心和关键的特点是"大数据驱动"，也即在海量（Volume）、高速（Velocity）、多样（Variety）、真实（Veracity）的数据之下，发掘出更多有价值的信息，以帮助人脑思考、决策和执行。在以往，数据并非不存在，但观测、采集的范围和手段、工具等都受到了很大的限制，如要实时采集某人的心律活动以辅助诊断，在当时既不经济也不现实，而目前的电子穿戴设备就很好地解决了这一问题。更重要的是，这种数据的采集因实时性、连续性而变得更有价值，且数据采集在不经意间生成，避免了外在环境的刻意影响或扭曲，从而在很大程度上保障了数据的真实性，以此而汇聚的海量数据无疑包含了更多维度的信息。正是在此意义上，有学者强调所谓的大数据（big data）并不仅仅指海量意义上的数据（large data），更重要的是指数据维度的丰富性、多样性等。[1]实际上，海量意义上的大（Volume）是数据高速（Velocity）、多样（Variety）、真实（Veracity）的结果，而非原因。

如果从信息哲学来看，认识本身是信息的交互和处理过

---

[1] 参见吴军：《智能时代：大数据与智能革命重新定义未来》，中信出版社2016年版，第63~64页。

程，而大数据因其所蕴含的多维度信息，将带给人们认知的深刻改变。人的认知因信息的不充分而不确定，产生所谓"认知盲点""认知误区"或"认知偏差"等。要消除这种不确定，恰恰需要对更多维度的信息进行分析和综合。如果用信息哲学的语言来描述，即熵和相对信息量的统一。"熵是和信息对立的一个概念，它是对系统混乱程度（不定度）的一种度量，而信息则是对消除这个系统的混乱程度（不定度）的能力的一种度量。因此，熵标志着系统的无序状态，而信息则标志着系统的有序状态……至于有序和无序，在事实上是根本无法简单地用信息量的多少来说明的。它仅仅是有用信息和无用信息之比在人类认识中的某种反映，所谓有序就是有用信息占比例多些，所谓无序就是有用信息占比例少些。"[1]而将信息论和马克思主义科学认识论原理联系起来，我们可以发现蕴含其中的奇妙关联。在马克思看来，科学的认识过程是从"模糊的整体表象"（感性具体）到"抽象的片面规定"（理性抽象）再到"诸多规定的综合"（理性具体）[2]。大体上说，感性具体对应于信息不充分情况下的定性把握，理性抽象对应于某个点或方面的多维信息，而理性具体则对应于多点多面的多维信息。

可见，人工智能（包括司法人工智能）给人脑提供了这样一种认知路径和方法，汇聚多维度的信息，帮助人们提高认知高度，尽可能地消除认知盲点、认知误区或认知偏差。其蕴意有似一句古诗："会当凌绝顶，一览众山小。"

---

〔1〕 参见邬焜:《信息哲学——理论、体系、方法》，商务印书馆2005年版，第506~510页。
〔2〕 参见《马克思恩格斯选集》（第1卷），人民出版社2012年版，第701页。

二、运作的规模化

数据并不会被自动发掘而呈现出所需要的信息，而是有赖于算法的设计和算力的保障。尽管在外观上，算法、算力和传统的机械机器似乎存在较大的差别，但其无非也就是以"0"和"1"（二进制）为基础的代码、程序和硬件的有机组合，在本质上人工智能（包括司法人工智能）仍属于机器范畴。事实上，从计算机的发展史来看，其原理也无非是将计算理解或等价为确定性的机械运动，只不过这种机械运动从早期的"算珠拨动"发展到了 21 世纪的"电子运动"，而计算的数据量和复杂度也从单一走向多元，类似于有学者所说的从标量（scalar，一个数）到向量（vectorm，一列数）再到矩阵（matrix，一张二维的数据表）和张量（tensor，三维数据表）的演化。[1]

既然人工智能（包括司法人工智能）仍属于机器范畴，就必然具有机器运行的规模化特点，而这种规模化运行总是和标准化紧密联系在一起。也就是说，只要给定了标准的数学公式、机械原理或程序，尽管输入端的"原料"在外在表现上存在很多不同，但依本质上相同的计算，总会得到确定的输出结果，这犹如勾股定理的变与不变。此外，不同于人脑能量来源于有机体，有着天然的生物极限，且受情绪或意志的影响容易产生不稳定性；人工智能（包括司法人工智能）则无此限制，只要有稳定的能量供应（如电力）和相关的硬件技术承载，就能无休无止地计算下去。正是凭借以上两点，人工智能（包括司法人工智能）表现为规模化的运行方式，这也正是其强大效

---

〔1〕　王禄生："司法大数据与人工智能技术应用的风险及伦理规制"，载《法商研究》2019 年第 2 期，第 103 页。

率的基础所在。

三、技术的中立性

在不考虑技术主体及其用途的情况下,技术自身确实是中立的。与上述规模化运行相关,只要给定相应的数据、设定好相应的算法和提供算力上的保障,人工智能(包括司法人工智能)就总会输出确定的结果,这一结果并不因主体意志的转移而转移。在这一点上,它确实克服了人性当中固有的偏见、好恶、情绪等弱点,能做到不偏不倚。

基于上述意义的技术中立,人们总是习惯性地将司法人工智能和司法中立紧密地联系在一起,并认为,"机器人法官"没有偏见及情绪方面的人性弱点,很可能是规范法官自由裁量权、促进司法公正的有效技术措施。但可否以及如何将技术的中立性转化为司法的中立性,或能对其提供多大程度的支撑,仍不乏争议,且还有不少前提性工作要做,诸如案件本身的类型化、标准化的可能,算法设计的无歧视性等。

第二节　善假于物的内在冲动

尽管从表面上看,司法人工智能的兴起源自人民法院信息化建设的成效和顶层设计的助推,但更为深层的根源在于其作为工具本身的属性,使其能以不同的方式来满足司法的根本需求。一言以蔽之,即荀子所言的源于"善假于物"的内在冲动,它既体现在对传统司法价值旨趣和实际需要的回应,也体现在全新的司法思维方式的变革和发展。

一、促进司法公正

从司法公正这一维度来看，规范或限制法官自由裁量权、努力做到裁判尺度的统一一直是司法的难题，它反映了人们根深蒂固的心理习惯和期盼。"如果有一组案件所涉及的要点相同，那么各方当事人就会期待有同样的决定……如果不同，我胸中就会升起一种愤怒和不公的感觉；那将是对我的实质性权利和道德权利的侵犯。"[1]而反映这种期待的思考和努力也由来已久。培根饶有深意地提出"擅动界碑者必受诅咒"和"污染水源"的警示[2]，孟德斯鸠则更形象地形容，"判决是法律的精确复写，法官只需要眼睛，他只不过是宣告和说出法律的嘴巴"。[3]他们的思考源自政治权力分权制衡的理念和实践，内含着政治架构层面的技术方案。拉伦茨则从法学方法论角度提出了他的方案："使法官的决定空间（于此范围内，他只需要作决定）尽量缩小，这也是法学的任务之一。"[4]申言之，经过严格的方法论训练，按照特定方法对实在法进行思想的诠释和领悟，法官能够在很大程度上摒弃个性、避免恣意，确保裁判的客观性。[5]

---

〔1〕［美］本杰明·卡多佐：《司法过程的性质》，苏力译，商务印书馆1998年版，第18页。

〔2〕［英］弗·培根：《培根论说文集》，水天同译，商务印书馆2013年版，第197页。

〔3〕［德］考夫曼：《法律哲学》，刘幸义等译，五南图书出版公司2000年版，第55页。

〔4〕［德］卡尔·拉伦茨：《法学方法论》，陈爱娥译，商务印书馆2003年版，第177页。

〔5〕参见［德］卡尔·拉伦茨："论作为科学的法学的不可或缺性——1966年4月20日在柏林法学会的演讲"，赵阳译，载《比较法研究》2005年第3期。

在人工智能时代，这种期盼似乎落在了"机器人法官"身上。这是因为，相较于人，机器不具备情感、意志，因而有望被用于克服人的偏见和情绪，严丝合缝地按规矩和程序办事，从而满足法律稳定性、可预期性的要求，彰显司法公正。早在2006年，山东省淄博市淄川区人民法院就有关于"电脑量刑"的相关司法实践。据称，只需将被告人的犯罪情节输入电脑程序，计算机就会根据储存的法律条文，对被告人作出适当的量刑，量刑结果可以精确到天，从而实现量刑的数字化、精确化。刑事审判庭时任庭长王红梅直言道："我们搞这套系统的目的就是防止出现量刑畸轻畸重的情况。"[1]按照工具论的逻辑，"机器人法官"并不现实，且目前官方和学界也仅仅将人工智能定位为"辅助裁判或量刑"。尽管如此，司法人工智能还是开辟了实现司法公正的另一条路径。如上所述，人工智能是基于大数据、算法、算力的机器智能，其根本在于大数据。从海量（Vast）、多样（Variety）、高速（Velocity）的大数据中发掘出来的信息，既可以让法官摆脱小数据的局限经验和认知上的盲点，更可以让当事人、公众在最大样本范围内评判司法裁判，进而将司法与社会紧密地勾连在一起。如果说培根、孟德斯鸠从分权制衡的宏观政治理念、原理论证了法官裁判的规范性、公正性，拉伦茨从法学方法论这一中观角度来对法官做出指引和规训的话，不妨说，司法人工智能将基于司法大数据（体现在法律规则、各种案例、审判流程、社会评价等各方面），从微观角度提示、敦促落实裁判的具体过程和细节，进一步丰富和实现宏观的理念原理和中观的法学方法论。另一方

---

〔1〕 王雷："山东在争议中推广电脑量刑 刑期可望精确到天"，载《南方都市报》2006年9月12日。

面，这也可以反过来助力法院的科学化、精细化管理，提升法官被问责监督的可能性，让司法责任制的落实有更有力的"抓手"，这就可以从另外一个层面间接地促进司法公正。

二、提升司法效率

相较于公正，司法人工智能的效率导向逻辑显然要更为强大。这是因为工具和效率本身就是"孪生"的，效率本身并无价值倾向，所以实现和测量就要直接和容易得多。相反，司法公正更为复杂多元，且其与社会还保持着动态的、内在的博弈和平衡，是否可能、如何能够将公正转化为相对精确的、可供计算的参数，法官如何作为变量参与其中，均是未解的难题。诚如有学者所言："造成这种现象，显然并不是因为法律人在价值观上存在着高下之分，而是因为对于人工智能而言，去把握如何提高司法的效率，要比去把握如何实现司法的公平更容易。"[1]

在我国目前的实践中，司法人工智能也确实被主要用来替代一些事务性工作，如法官助理或书记员的诉讼材料的接收、通知送达、身份核验、笔录记录、卷宗的整理归档等，或者是在某些诉讼环节上有所应用，如网上立案、特定涉网案件的在线审理等。从严格意义上说，这些替代只是体现了智能化的元素，并不涉及复杂脑力劳动。更进一步的智能服务是类案推送、智能裁判，即为法官推介相关的办案参考或根据既往的大数据分析提供初步的裁判方案。在人案匹配失衡、法官超负荷工作的背景下，这种效率导向的司法人工智能应用确实能够有

---

〔1〕 李晟："略论人工智能语境下的法律转型"，载《法学评论》2018年第1期，第98~99页。

效地替代一些事务性工作或辅助法官作出一些复杂的判断，从而让法官的精力集中到更重要的分析和判断中。更深入地看，由滞后于技术的传统规则带来的效率困境也要靠技术本身予以化解，即形成技术对技术的"降维打击"。以消费者起诉网络交易平台经营者的网络购物纠纷的管辖权为例，如依消费者住所地确定管辖法院则将抬高网络交易平台经营者的追偿成本，如依平台内经营者或网络交易平台经营者住所地确定管辖法院则又将抑制消费者维权、不合正义。基于此，跳出既有的管辖规则，确定涉网案件的在线审理模式或许是值得探索的路径。[1]
此外，如果我们对司法的理解不限于定分止争层面，而是将其置于社会治理能力和治理体系中加以理解，就会获得关于司法效率方面"善假于物"的更高维度的认知。笔者对北京市高级人民法院进行了调研，其主管副院长和有些法官认为：北京地区民事法官年人均结案四百余件，其中相当一部分集中在供暖合同纠纷、物业服务合同纠纷等法律关系相对简单的案件，这些案件让法官不堪重负。而通过大数据和人工智能的技术分析，此类纠纷集中在特定的区域，与物业管理、房屋产权状况

---

〔1〕 浙江、北京、广州互联网法院的增设和《最高人民法院关于互联网法院审理案件若干问题的规定》（以下简称《规定》）的出台就很好地体现和呼应了这一点。根据《规定》，互联网法院集中管辖所在市的辖区内应当由基层人民法院受理的特定类型互联网案件，主要包括：互联网购物、服务合同纠纷；互联网金融借款、小额借款合同纠纷；互联网著作权权属和侵权纠纷；互联网域名纠纷；互联网侵权责任纠纷；互联网购物产品责任纠纷；检察机关提起的涉互联网公益诉讼案件；因对互联网进行行政管理引发的行政纠纷；上级人民法院指定管辖的其他互联网民事、行政案件。上述案件互联网特性突出，证据主要产生和储存于互联网，适宜在线审理，既方便诉讼，又有助于通过审判创制依法治网规则，但受传统诉讼法管辖权规则的限制，在线审理的突破还仅限于所在市的辖区范围内。较为深入的分析可参见肖建国、庄诗岳："论互联网法院涉网案件地域管辖规则的构建"，载《法律适用》2018 年第 3 期。

等密切相关。如能据此进一步分析成因，推动政府、法院参与协同治理和源头治理，则可以从根源上减轻法官的工作负担，将其从"案海战术"中解放出来，腾出更多更宝贵的司法资源处理其他更为重要的纠纷。不止于此，司法大数据分析和人工智能的相关推送等也可以较为客观中立地帮助当事人预测自己的诉讼，并寻找到最佳的利益平衡点，从而化解纠纷和减少社会运行成本。以大数据和人工智能支持的调研、新闻通报等也更好地延伸了法院的司法职能，指导相关行业、个人作出有利于自身和社会和谐的行为，如最高人民法院信息中心和最高人民法院司法案例研究院联合发布的关于《网络约车与传统出租车服务过程中犯罪情况》的司法大数据专题报告就有可能较好地用理性的声音来缓解行业和公众的焦虑。

三、优化法院管理

在推动法院科学化精细化管理方面，司法人工智能也可以有所作为。在以往的研究中，学界多聚焦于审判本身的公正、效率，而对于法院管理如何影响裁判等则缺乏应有的关注，这与法院管理相对密闭、开展相关性分析的数据不足等因素密切相关。

伴随着信息化的留痕，法院管理方面的大量实时性数据不断生成，通过恰当的算法，完全有可能通过人工智能技术分析出法院管理是如何影响案件裁判效果的，从而方便法院管理者与公众更深切和清晰地认识其中的内在机理。例如，利用大数据和人工智能技术，可以科学而方便地计算出案件的成本收益。当然，这种成本—收益分析并非经济学意义的，而是司法资源的投入（包括法官的办案时间、警力物力的投入等)与社会效果(包括个案纠纷的解决、对社会的示范意义、对裁判规则的深化细化等)的内在关联。司法成本—收益分析的可视化、可量化不仅能有助于法院管理者作出更科学有效的决策,重新优化配置司法资源,亦有利于司法责任制的进一步落实。又如,司法成本—收益分析可以作为法官绩效考评体系设计的重要基础和依据,相关具体指标(如调解撤诉率要求)与案件裁判效果的比对分析可以被管理者用来科学地设计绩效考评体系。此外,基于成本—收益分析的大数据验证(如错案率)也更为客观实在,从而可以反过来促进法官提高裁判水平。正如有学者指出的:"通过实证研究对法官的裁判行为进行研究非常重要。"[1]"构建一种纯粹、客观反映法官裁判水平的评估体系,对提升法官裁判水平,具体落实司法责任制非常重要;同时,建造一个辅助系统,使法官裁判具有实时参照物,使同案同判可以在一个被论证了的客观标准中进行。"[2]

四、形成系统思维

需要特别指出的是,人工智能的司法应用还具有突出的认识论意义,特别有助于法官形成系统思维,有机地融合以上三个层面的考量,更好地贯彻落实司法为民、公正司法的精神,努力让人民群众在每一个司法案件中感受到公平正义。

在马克思看来,科学的认识过程是从"模糊的整体表象"

---

〔1〕 Richard A. Posner, "Legal Research and Practical Experience", *The University of Chicago Law Review*, vol. 84, no. 1, 2017.

〔2〕 余斌:"论大数据人工智能时代司法裁判层级的适用——以商事裁判为例",载《学术研究》2018 年第 3 期。

（感性具体）到"抽象的片面规定"（理性抽象）再到"诸多规定的综合"（理性具体）[1]。相对于个体经验而言，人工智能可以延展和处理更多的数据来获得更全面、更丰富的信息，从而扫清认识的盲点、消除不确定性，其所获得的是系统的认知，而不是片面的深刻。故可以说，司法人工智能是助推司法判断从"抽象的片面规定"（理性抽象）跨越到"诸多规定的综合"（理性具体）的重要利器。借助司法人工智能有利于法官跳出法院自身立场进行换位思考，从而获得更全面的认识：电子诉讼的广泛开展以及网上诉讼服务中心的建设，使得当事人或者代理人在使用法院提供的各种诉讼服务的同时，其自身参与诉讼的各种信息记录也被存储，将这些数据再一次与这个案件自身的数据相结合，将有助于我们在动态过程中去预测诉讼行为的走向，或者是从某一个方面去审视人民群众在每一个司法案件当中是否感受到了公平正义。可以合理地设想，借助于司法人工智能，司法过程的内在机理可以展现得更为清晰和细致，司法的"法律正确"和司法与社会的契合度也将获得更为精准的认知和评判，贯穿司法过程的案件审理、法院管理、公众评判也将因此得以聚合和升华，司法功能也将获得更高层次的质的飞跃。

可见，司法人工智能能够以其特有的方式满足司法公正、司法效率、法院管理等各方面的要求，而且促进了系统司法思维的形成和进一步发展。这与司法人工智能的工具属性密不可分，如信息的多维度既可以"不留死角"地审视公正问题，也可以找到提升司法效率的根本因素，将司法从传统的定分止争

---

[1]　参见《马克思恩格斯选集》（第1卷），人民出版社2012年版，第701页。

上升到社会治理层面;运作的规模化体现了强大的效率逻辑,充分体现出了机器优于人的一面;而技术的中立性则和司法中立和公正存在一定的关联。上述工具属性贯穿于法院管理领域,可以进一步丰富管理的维度(如案件的成本—收益分析),从而促进管理的可视化、精细化,并将司法审判、法院管理和社会评价等有机地统一在一起,形成系统、全面、深刻的认知。

第三节 司法异化的若干隐忧

作为工具,应用司法人工智能能够达致以上各个层面的"善假于物"的效果,但人在用工具改造世界的同时,自身也被工具型塑着,并始终存在着被异化的风险。正如马歇尔·麦克卢汉所言:"我们自身变成我们观察的东西……我们塑造了工具,此后工具又塑造了我们。"〔1〕马克思则从劳动角度提出了异化理论。按照他的观点:劳动是人的本质力量对象化的一种活动,在本质上是自由自觉的,通过劳动,人的智慧和体力都得到了发展,并由此而获得幸福和愉悦。但异化劳动的结果却是,人由于自身的工具化或由于过于依赖工具而丧失了主体的自由自觉。〔2〕而人本身的异化又必然导致人与人之间的异

---

〔1〕 [加] 马歇尔·麦克卢汉:《理解媒介——论人的延伸》,何道宽译,商务印书馆 2000 年版,第 2 页。

〔2〕 马克思指出:"劳动对工人来说是外在的东西,也就是说,不属于他的本质;因此,他在自己的劳动中不是肯定自己,而是否定自己,不是感到幸福,而是感到不幸,不是自由地发挥自己的体力和智力,而是使自己的肉体受折磨、精神遭到摧残。"参见 [德] 马克思:《1844 年经济学哲学手稿》,人民出版社 2000 年版,第 54 页。

化，并加速经济不平等和阶级上的分化对立。[1]马克思异化理
论的两个方面——主体性的丧失和人与人之间的异化——颇具
启发和警示意义，同样可以适用于司法人工智能的应用。

一、技术主义对司法的俘获

目前的司法人工智能热主要是基于技术主义，体现为科技
服务司法（网络办公等低层次的信息化建设）、科技支撑司法
（以网上留痕为例的静默监管）、科技引领司法（以文书网上公
开为例的服务大众）、科技驱动司法（为司法改革赋能）等[2]，
但如缺乏基于司法自身属性的反思和规训，则易走向技术俘获
司法这一极端。

司法决策层认为，司法体制改革与法院信息化建设是并驾
齐驱的，将其形象地比喻为"车之两轮、鸟之双翼"，并希冀
通过"科技+司法"来实现中国模式的司法公正。如依托大数
据的"类案推送""类案类判"相当于产生了一种"现代新型
判例法"，从而有可能超越西方既有的法治模式，为全球治理
探索和贡献中国方案、中国经验。[3]这种技术主义的探索和努
力值得肯定，但"并驾齐驱"式的预设，容易忽略掉更为根本

---

[1] 马克思指出："人从自己的劳动产品、自己的生命活动、自己的类的本
质异化出去这一事实所造成的直接结果就是：人从人那里的异化。""有产阶级和
无产阶级同是人的自我异化。但有产阶级在这种异化中感到自己是被满足的和被
巩固的，它把这种异化看作自身强大的证明，并在这种异化中获得人的生存的外
观。而无产阶级在这种异化中则感到自己是被毁灭，并在其中看到自己的无力和
非人的生存的现实。"参见中国人民大学编：《马克思恩格斯论人性、人道主义和
异化》，人民出版社1984年版，第130页。

[2] 参见刘品新："法律与科技的融合及其限度"，载《中国检察官》2018
年第15期，第78页。

[3] 刘品新："大数据司法的学术观察"，载《人民检察》2017年第23期。

性的命题——司法与技术的体用关系，以及由此而衍生出的一系列具体的问题。季卫东在宏观意义上批判指出："各地、各机关介绍经验的重点其实已经在不经意间从司法体制革新悄然转向司法技术革新。"[1]从前文工具论的立场出发，人工智能技术最终要服膺于司法的根本属性。这是因为，司法功能、司法程序的精巧设计体现了人类的政治文明和智慧，在相当长的时期内因是相对稳定的，人工智能技术只有在尊重和满足于司法责任制的核心要求——让审理者裁判、由裁判者负责，并在总体上契合司法程序意义上的被动性、公开性和透明性、多方参与性、亲历性、集中性、终结性——时，才能发挥更大的正向作用。应当看到，技术权力与司法权力在具体层面将存在长期的冲突和博弈，特别是片面的技术主义导向容易促使算法权力绑架司法权力、算法黑箱固化或放大司法不公等问题出现。如我国现在的互联网法院主要是依托互联网公司建立的诉讼平台来运行的。在网上诉讼中，当事人各类信息（包括身份信息、证据信息）乃至审判秘密（如网上合议信息）为互联网公司所监控、不当操作或泄露就不再是危言耸听，至少这也应是理论上的风险隐患。又如，我国法院主要依靠技术公司来合作开发司法人工智能，而技术公司的营利取向与法院的公共属性并不完全兼容。对技术公司而言，求大、求多、求快消耗开发司法人工智能的公共资金反而是其正常的商业逻辑，加之法院缺乏既懂办案又懂技术的复合人才，导致一线法官难以将其司

---

〔1〕 季卫东："人工智能时代的司法权之变"，载《东方法学》2018 年第 1 期，第 131 页。

法需求真实、准确、有效地导入技术层面。[1]幸运的是，学界
对此已有所呼吁。王禄生指出："需进一步唤醒对技术驱动型
的司法现代化建设的危机意识，遏制不断膨胀的片面技术理性
主义，从而更加合理、谨慎地在司法场域中运用新技术，更加理
智地看待和规约不断扩张的技术权力。"[2]而如何在实践中对片
面的技术主义导向进行纠偏，将是我们在今后面临的重要任务。

二、对法官主体能动性的侵蚀

如果不能对人工智能和司法过程的性质有正确而真切的认
识，就容易走向"善假于物"的反面，导致司法人工智能对法
官主体能动性的全面侵蚀。这种侵蚀源自其在应用中的人机错
位和对人工智能的过度依赖，并体现在司法的各个领域和环
节中。

法暨法治实践是人类有意识的自觉活动，法的目的决定法
律的生长方向，这是耶林对法学理论的重大贡献。按照亚里士
多德的"四因说"，正是居住目的本身（目的因）驱使图纸设
计（形式因）和工匠盖房（动力因），使木料（质料因）成为
房子，而不是别的桌子或椅子。[3]如果把法律规则看作法治工
程的"基本质料"的话，包含了价值考量、政策诉求之法的目
的则决定着法治工程的基本面貌。根据这一前提，承载法律适
用之司法则是规范性和能动性相统一的过程。规范性要求法官

---

〔1〕　笔者曾作为咨询专家深度参与某技术公司开发司法人工智能的投标工
作，对片面的技术主义导向和法院有效需求导入的不足深有体会，该具体观点即
来源于此次实践。
〔2〕　王禄生："大数据与人工智能司法应用的话语冲突及其理论解读"，载
《法学论坛》2018年第5期，第144页。
〔3〕　苗力田主编：《古希腊哲学》，中国人民大学出版社1989年版，第407页。

"以事实为依据、以法律为准绳"进行裁判,不得随性地"擅断界碑",且裁判的过程应符合基本的程序要求、满足逻辑一致性的要求。能动性则意味着裁判不仅仅是理性的计算,而是蕴含着一定的政策取向和价值诉求。形象地说,司法是有温度的。两者的统一性在于,司法温度要借由法律适用得以呈现和保证,而在法律规范性的背后则"站着"司法予以支持和保障的政策要求、伦理道德等。相比于人类而言,人工智能擅长处理海量数据并进行理性计算,对于具体情境的代入、情感感知、价值判断等其反而显得"很低能",上文关于人工智能并非有机智能的分析已对此作出了阐释。故不能片面地聚焦于人工智能超过人类智能之处,同时也要认清人工智能的背后是人,而且有些事情人工智能自身或许永远无法做到,比如情感、意志、价值、意义等。故司法人工智能的关键在于人工与智能的有效叠加,形成优势互补,达致"善假于物"。相应地,类似于智能裁判的命题就非真正的命题或者说应对其进一步加以限定,要在总体上让其服膺于司法的根本属性和法官的主体能动性,而在司法过程中涉及的理性计算(如新的关联性的发现、关于裁判要素的分析报告等),则不妨交给司法人工智能,并由法官经过过滤、监督后参考使用。

根据我国司法实践的现实情况,对于司法规范性的强调要超过能动性。法官多秉持司法克制主义的一面,信奉培根的名言:"为司法官者应当记住他们的职权是 jus dicere 而不是 jus-dare;是解释法律而不是立法或建法……移界石者将受诅咒……一次不公的判断比多次不平的举动为祸尤烈。"[1]这是

---

〔1〕 [英] 弗·培根:《培根论说文集》,水天同译,商务印书馆 2013 年版,第 197 页。

从立法权、司法权分权制衡意义上理解法官办案的规范性，意在强调法官不得代替立法者擅做决断以"污染水源"。但时代在变化，现代法治形态已从"法秩序的法治""法统治下的法治"发展至"良序善治的法治"，且社会关系呈现网格化、立体化之趋势，社会连带、社会合作之需求日益强烈，法律的滞后性、不完备性等特征也日益突出。故从司法与社会互动的角度来看，法官在某种情形下应当像立法者一样思考，以社会职责为本位，立足司法与社会互动的立场，运用司法智慧、法律原则"赋能于法律规范"以诠释法治之"良善"，而不是局限于案件本身或"死抠"个别机械的条文。[1]早在20世纪20年代，卡多佐就在其著作《司法过程的性质》中专辟一讲——社会学方法和法官作为立法者——指出普通法系、成文法系中司法的这种相同倾向："法官在发现法律时必须进行的研究过程与立法者自身职责所要求的研究过程非常类似，要通过恰当的规则来满足正义和社会效用的要求；当正式的法律渊源沉默无言或不充分时，法官应当服从立法者自己来管制这个问题时将会有的目标，并以此来塑造他的法律判决。只不过，不同于立法的抽象性，司法过程要通过具体境况而启动。当然，为了摆脱危险的恣意行为，法官的司法决定应当矗立在客观基础之上。"[2]尽管限于政治体制、成文法传统等因素，我国司法、法官的主体能动性空间有限，但这种趋势是明显的、相同的。而现代大数据、平台经济、人工智能的发展则更强化了这一

---

[1]　陈敏光："综合配套改革背景下的法官绩效考评体系的完善——基于司法属性的管理学思考"，载《法律适用》2018年第19期。

[2]　参见［美］本杰明·卡多佐：《司法过程的性质》，苏力译，商务印书馆1998年版，第74~75页。

点，要求司法在个案裁判的基础上，通过主体能动性回应转型期经济社会发展的需要，并在社会治理体系中发挥出更大的作用。法官的这种主体能动性确是时代所需，其该如何与规范性兼容也有待于司法各方面的探索和实践。如法官审判思维要从纯粹的规范法学升华到法社会学、法经济学层面，在大数据和人工智能时代，则还要积极发展和运用法统计学这一新型实证方法[1]去落实规范性和服务能动性。又如法官绩效考评体系要从"泰罗制"[2]、"科层制"的模式中走出来，不能仅仅满足于法院内部管理效率的要求，而是要上升到接受社会评判和检验的高度，而且，这种评判和检验要融价值和实证于一体，避免泛化和虚无。让不具备情感意识、尚无迁移学习能力的司法人工智能担当此任，恐怕是不切实际的幻想。相反，它有可能进一步挤压法官的"司法劳动"所带来的愉悦创意、社会认同，从而让人惊讶于"机器的人化和人的机器化"，这是应用司法人工智能所要着力避免的。从实体意义上看，这种人机错位将造成法官、陪审员、法官助理、书记员关系定位的紧张，

---

〔1〕 左卫民主张，基于数据的实证研究将会是一场新的范式革命。法律实证研究，本质上是一种以数据分析为中心的经验性法学研究，它以法律实践的经验现象作为关注点，通过搜集、整理、分析和运用数据，特别是尝试应用统计学的方法进行相关研究的范式。参见左卫民："一场新的范式革命？——解读中国法律实证研究"，载《清华法学》2017年第3期。

〔2〕 弗雷德里克·W.泰罗（Frederick Winslow Taylor，1856~1915年）是科学管理的鼻祖，他首次把科学管理的方法引用到管理实践中，其核心思想可概括为工作的目标化和标准化、流程化，并通过生产车间的架构来实现产业工人间的专业分工和相互协调，从而充分提高劳动生产率。但泰罗制的基本预设是将产业工人当成是遵守操作规程的"机器"，从而忽视了人的主体能动性及其与企业间的情感交往。参见［美］F.W.泰罗：《科学管理原理》，胡龙昶等译，中国社会科学出版社1984年版；周洁："试论泰罗科学管理理论的利弊"，载《科技经济导刊》2016年第18期。

甚至也在悄然改变上下级司法机构之间的独立关系——既然司法人工智能导出来的是科学的、严格的客观正义，那么那些心存偏见和冲动的法官等又为何不能靠边站呢？基于审判独立的上下级法院的裁判也完全可以整齐划一，审级制度的必要性和价值也将被撼动。从程序意义上看，司法的被动性、公开性和透明性、多方参与性、亲历性、集中性、终结性等特征〔1〕也受到了威胁。如算法歧视会隐蔽地渗透到司法裁判中，并系统性、规模化地运作起来，司法的被动性或中立性也就在无意中被销蚀了；算法的不可解释性或算法黑箱则直接与司法的公开性和透明性相冲突，它削弱的不仅仅是法官的主体能动性，也包括诉讼各方的积极参与，从而使"看得见的正义"因为专业门槛或不可解释性而存在被架空的风险；在很多情况下，网上审理或异步审理所接触到的证据并非原始证据，而是经过信息化处理后的传来证据，非物理空间上意义的现场性也削减了当事人之间的对抗性，从而在很大程度上背离了裁判者的亲历性或直接言词原则；区别于法官的连续性、集中性审理，司法人工智能"分有"了法官的主体性，可能造成法官人工与机器智能的分离而不是融合，从而减损司法的集中性；基于司法人工智能的裁判若异化为机器判案，那么当事人和公众无疑会对司法的终结性产生强烈的质疑。此外，即使是在司法的某些理性计算领域和规范环节，司法人工智能也未必完全可靠。基于数据取样的偏差所得出的结论往往有一定的适用条件。对此，司法人工智能并不会自动告知，仍要依赖于法官的判断、择取和一定程度的加工。

---

〔1〕　参见陈瑞华："司法权的性质——以刑事司法为范例的分析"，载《法学研究》2000年第5期。

三、不平等的固化和放大

正如赫拉利所担心和描述的，人工智能将进一步扩大主体间能力的不平等，这已表现在辅助学习、研究、智能投顾、涉网行业与传统行业等各个方面。[1]人工智能的背后是人。人的主观偏见会通过算法设计等融入和固化到人工智能中，并很难在短时间内予以调整。从域外司法人对工智能的应用来看，这一问题已经浮现。在美国威斯康星州发生的"State v. Loomis案"中，法官使用 COMPAS 作为量刑过程中的一个因素，被告和学者则批判法官本身并不真正理解和掌握此种 AI 和算法的原理，而这可能导致种族歧视等社会问题。[2]这样的担忧不无道理。在法官未能真正理解人工智能的数据来源、算法设计原理时，其自然无从参与其中。这样，司法权的中立判断、平等保护职能也悄然地从法官手中转移到了技术开发者那里。资本暨技术优势者也就可能利用此契机，自觉或不自觉地将有利于本群体或本阶层但未必有利于整个社会的价值观溶解到"司法公器"中。不止于此，它还可能将经由司法的人工智能加以放大。与人的犯错不同，人工智能的犯错是大规模的、系统性的，而非个案的或局部的，这在金融领域早有呈现。为确保在股市暴跌中第一时间止损，相应的人工智能被设计出来。然而，这种不加思索的、快速的自动操作往往导致更多的抛售，

---

〔1〕 赫拉利认为，随着算法将人类挤出就业市场，财富和权力可能会集中在拥有强大算法的极少数精英手中，造成前所未有的社会及政治不平等。参见 ［以色列］尤瓦尔·赫拉利：《未来简史：从智人到智神——打开人类认知未来之窗》，林宏俊译，中信出版社 2017 年版，第 277~313 页。

〔2〕 李本："美国司法实践中的人工智能：问题与挑战"，载《中国法律评论》2018 年第 2 期。

从而呈现出雪崩式股灾。在 1987 年 11 月的"黑色星期一"，纽约证交所就出现了上述情况，最后所有计算机操作都被迫改为人工操作。后来，尽管各大券商更新了智能程序，但是 2001 年"9·11"事件后的股灾、2008 年金融危机后的股灾、2010 年金融危机后一次莫名其妙的股市暴跌，都被认为和智能炒股有很大程度的联系。[1]对此，司法应引以为戒，要充分意识到机器犯错的特点，注重那些"致命的细节"，防止出现"失之毫厘、谬以千里"的被动局面。

这种偏见或不平等不仅仅内嵌于司法判断中，也体现在司法的具体过程中。当某方当事人利用司法人工智能主张诉讼请求、组织法律理由时，其所获得的"庭审杀伤力"至少在外观上要明显强于传统的另一方当事人，对其而言，司法人工智能是除法律知识之外的另一专业门槛。法官如不能统筹衡量、平等保护，抗辩的空间将很容易被压缩甚至扭曲。一些原本可凭借社会生活经验即得出准确判断的简单问题，反而可能被搞成貌似复杂的专业问题，使当事人和公众无从参与，司法民主也就被挡在这种专业门槛之外了。这显然不是我们期待的司法。作为复杂的活动，司法在总体上是专业化的，特别是裁判理路、法律适用方面的专门技能，但这绝不意味着司法是与世隔

〔1〕　See Mark Carlson, A Brief History of the 1987 Stock Market Crash with a Discussion of the Federal Reserve Response, Finance and Economics Discussion Series: Divisions of Research & Statistics and Monetary Affairs Federal Reserve Board, Washington, D. C. , pp. 15~16, https://www. federalreserve. gov/pubs/feds/2007/200713/200713pap. pdf, accessed October 30, 2018. Kinsey Grant, A Storm That May Cause the Next Stock Market Crash Is Brewing—Even at Dow 23K, https://www. thestreet. com/story/14335 451/1/what-could-cause-the-next-stock-market-crash. html, accessed October 30, 2018.

绝的"概念天国"[1]。相反，就案件中所涉及的善良风俗、交易习惯、社会生活常识和某些专门性、地方性知识等，法官的判断未必就优于公众或相关专业人士，特别是在一些家事纠纷、相邻纠纷案件中。此时，法官要俯下身来求教论证、敏锐地捕捉到"事实的原委"，并将裁判建立在这一坚实的基础之上。此外，司法与生俱来的政治社会烙印又决定了法官的裁断要契合主流正义、国家政策、价值共识乃至于抽象的人民情感。此时，不应陷入"专业化的偏执"，而是要以司法民主为格局和导向，将司法专业嫁接其中。从这个意义上讲，司法人工智能本身需要"祛魅"并加以普及化，专业性膜拜、不当地扩大化应用反而会妨害司法的民主价值。在"善假于物"的大规模司法应用中，司法人工智能实际上是公共品，自然要接受合法性审查和公众的评判，特别是算法编程等要转化为可以理解的自然语言，而法官也要有意识地平等地武装当事人，让司法人工智能理性地止步于司法民主的领地。

----

[1] 耶林在《法学的概念天国》一书中反思了近代法学界将法律高度概念化而难以适用于现实的问题。参见 [德] 鲁道夫·冯·耶林：《法学的概念天国》，柯伟才、于庆生译，中国法制出版社 2009 年版。

第三章

司法人工智能的理论极限

极限是数学当中的一种重要思想，意指"无限靠近而永远不能到达"的含义，它在数学分析和物理工程中的应用较为广泛。对于以数据概率论为基础的司法人工智能来说，极限思想同样对其适用。只要在理论上厘定了司法人工智能的极限，就能够更好地在边界里做事，减少很多无谓的"妄想"和不必要的投入，专注于机器智能优势的有效发挥，并和人的主观能动性有机地结合起来，实现人机互动和耦合的最佳状态。也正是在这个意义上说，厘定司法人工智能极限是确定应用之路的前提之一。目前来看，这一理论极限已经被意识到了，但并未获得清晰的整理、总结。

第一节　并不清晰的理论极限

从研究现状来看，人们对司法人工智能的理论极限是有所意识的，但在把握上是较为粗糙的，尚缺乏系统的整理、总结。

一、极限的忽视和反省

从检索的文献来看，学术界、实务界多热衷于对司法人工智能的鼓吹、开发和应用，这固然有国家政策导向的影响，也有角色立场和思维方式的因素。如对司法人工智能开发企业来说，鼓吹司法人工智能的应用前景并据此"攻城略地"占领市场，就是其固有的商业思维所致，从而也就有意无意间忽略了"理论极限"的存在。又如，按照一般的类推思维，人工智能在其他商业领域的推广和取得的成功也会"冲动"地扩散到被动保守的司法场域，从而掩盖"理论极限"。

对上述问题，学术界已有不少担忧和提醒。如马长山较为系统、全面地论述了人工智能的社会风险和法律规制，这些风险包括伦理风险、极化风险、异化风险、规制风险和责任风险等，故需要塑造风险社会的法律理念，建立多元互动的风险规制体系，确立"过程—结果"的双重规制策略，从而促进人工智能的健康发展，构建智慧社会的法治秩序。[1]王禄生则敏锐地捕捉到了技术话语权与司法话语权的分离和技术权力对司法权力的介入限度问题[2]，并呼吁司法大数据与人工智能开发需反思片面技术理性思潮[3]，从而转向司法属性对技术的规训。季卫东针对电脑量刑这一具体应用提出，电脑法律实证主义的预设不恰当地排除了诸如自然法、权利保障、天理人情，又较少注重预防之类的思辨性要素，忽视了司法运行当中所必须考量的背景条件和地方性知识等。而在某种意义上说，上述思辨性要素、背景条件和地方性知识就标示出了计算机法律专

---

〔1〕 参见马长山:"人工智能的社会风险及其法律规制"，载《法律科学（西北政法大学学报）》2018 年第 6 期，第 47~55 页。

〔2〕 参见王禄生:"大数据与人工智能司法应用的话语冲突及其理论解读"，载《法学论坛》2018 年第 5 期，第 137~144 页。

〔3〕 参见李卓谦:"王禄生:司法大数据与人工智能开发需反思片面技术理性思潮"，载《民主与法制时报》2018 年 6 月 3 日。

家系统软件以及人工智能审判的疆界或者局限之所在。[1]

二、确定极限的两个维度

应当说，上述研究包括法理层面的一般社会风险（马长山）、宏观层面的司法与技术的相互反制（王禄生）、微观层面的司法审判（季卫东）等，对司法人工智能的理论极限的厘定颇具启示意义。然而，也应当指出：一方面，上述研究主要还是抽象意义的，并未对司法的属性进行系统反思和展开，从而也就无法充分地探讨司法应当如何规训技术；另一方面，司法人工智能工具属性背后的技术原理也应被进一步呈现，从而有利于人们发现其本身的工具极限和与司法之间的不适性等。

故还要立足既有研究，对司法人工智能的理论极限做更加系统、深入的探讨和厘定。实际上，我们需要回答一系列环环相扣的问题：司法人工智能因其工具性限制而不可能为司法做哪些事？在司法人工智能能够做的那些事中，需要对司法改革、司法制度、司法审判、法院管理、社会服务等做何改造？成本、效益、风险等是否可知、可靠、可控？经由技术改造后的司法是否还是我们需要和期待的司法？不难发现，这一系列问题实际上确定了司法人工智能理论极限的三个方面：客观上的不可能，即人工智能作为工具本身的不可能；人工智能在司法场景中的不适性，这是因为人工智能总是和特定的场景联系在一起；主观上的司法反制，基于场景的不适性，人工智能应用的扩张必然遭遇来自司法本身的反制。当然，客观上的不可

---

[1]　参见季卫东："人工智能时代的司法权之变"，载《东方法学》2018 年第 1 期，第 129 页。

能、场景上的不适性和主观上的司法反制也在很大程度上交织在一起了。因为，人工智能在司法场景中的应用，是一个主客观相统一的过程，既要体现工具的固有属性、潜能和作用，也要反映主体的价值考量。为此，笔者试图站在"前人的肩膀"上，努力系统、清晰地厘定司法人工智能的理论极限。

第二节 人工智能的"三个不可能"

技术上的极限来自司法人工智能的不可能性。尽管和以往的工具相比，人工智能正在迭代发展，展现出相当程度的自我适应性，但从技术原理来看，其并非万能，仍存在着不可逾越的极限。主要体现为"三个不可能"，即不可能超越理性计算范畴、不可能脱离自身条件而发展、不可能超越既定历史而创新。

一、人工智能不可能超越理性计算范畴

工具主义定位排斥人工智能的主体性问题，不考虑科幻意义颇浓的"人工智能威胁论"或"脑机对接"等过于遥远的命题，而是专注于这一工具本身所具有的潜能和极限。从技术原理上看，人工智能是计算机应用工程，无法超越理性计算范畴。回溯到计算机本源，计算机之父图灵所设计的"图灵机"这一数学模型，为今天和未来很长时间的计算机划定了一条不可超越的界限。它们遵循以下底层逻辑原理：世界上是否所有数学问题都有明确的答案？如果有明确的答案，是否可以通过有限步骤的计算得到答案？对于那些有可能依靠有限步骤计算出来的数学问题，能否有一种假想的机器，让它不断运动，最

后当机器停下来的时候，那个数学问题就解决了？图灵最终研究的结论是，世界上有很多问题，其中只有一部分是数学问题；在数学问题中，只有一小部分是有解的；在有解的问题中，只有一部分是理想状态的图灵机可以解决的；在后一类的问题中，又只有一部分是今天实际的计算机可以解决的；而人工智能可以解决的问题，又只是计算机可以解决的问题的一部分。[1] 清华大学未来实验室首席研究员马兆远也主张正视人工智能的不能，认为图灵机恰恰验证和拓展了哥德尔不完备定理，它只能解决人类可认识、可描述清楚的问题；[2] 中国工程院院士邬贺铨也赞同这样的观点——人工智能其实就是统计学，只不过用了华丽的辞藻。[3] 有趣的是，美国哲学家希尔勒（John Searle）提出的"中文房间"的实验，很好地诠释和验证了上述底层逻辑：房外的人拿着象形文字来测试人工智能系统是否真正理解象形文字，而身处房间内的人工智能系统，只是根据象形文字的对照手册或字典机械地告诉房外人具体答案，虽然它给人以智能的印象，但其并无法真正理解接收到的信息，或者说它对象形文字一窍不通。希尔勒证明，强大的人工智能也只是和程序相关，而程序在思考方面几乎没有什么是可以告诉我们的。[4]

---

〔1〕　参见"谷歌方法论"，来源于得到 APP。文中的图示亦来源于此。

〔2〕　参见马兆远："正视人工智能的'不能'"，载《中国科学报》2020 年3 月 6 日。

〔3〕　参见邬贺铨："客观看待人工智能"，载《北京日报》2019 年 10 月 28日。

〔4〕　See Searle, John. R.（1980），"Minds, brains, and programs"，*Behavioral and Brain Sciences* 3 (3)，pp. 417~457.

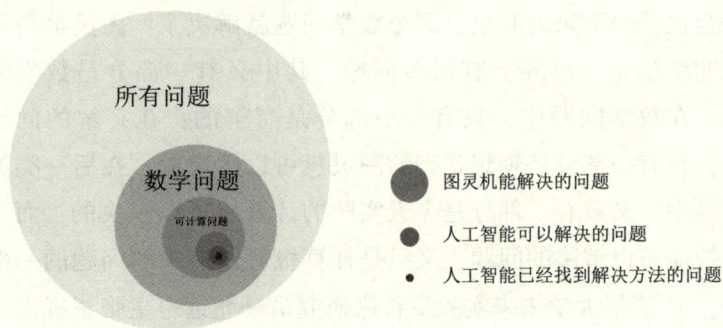

人工智能解决问题的相关图示

尽管从表象上看，人工智能似乎具备了一定的感知技术能力，如语音识别技术对应于人的听觉，图像识别技术对应于人的视觉，自然语言处理技术对应于人的读写；但从上述技术原理和实验看，人工智能无非是将其转化为数据的搜集、汇聚，并依靠特定的算法、程序将其有效输出而已，它只是"机械地"实现了人脑的智能，本身并不理解人脑的运作机理。目前，这类感知技术相对成熟，但其仅对应于人类感性范畴，要服务于后续的"认知"（理性认识）阶段，恐怕还有很长的路要走。[1]也就是说，在理性计算范畴，人工智能理论上能够解决的，而且已经找到解决方法的问题，也是十分有限的。至于情感、价值、意志、信仰等非理性因素，人类尚且要发出"我们要悬置知识，为信仰留下空间"（康德语）的感慨[2]，人工智能恐怕就更无法企及了。或者说，这些领域本就应当是人工

---

〔1〕 参见华宇元典法律人工智能研究院编著：《让法律人读懂人工智能》，法律出版社2019年版，第13～14页。

〔2〕 参见邓晓芒：《康德〈纯粹理性批判〉句读》（上），人民出版社2010年版，序。

智能应用的禁区。因为，人工智能的基础是信息程序，是以计算机科学中"0"和"1"以及真值"True"和"False"为边界的符合逻辑，并未成功地涉及所谓的情感逻辑。[1]

二、人工智能不可能脱离自身条件而发展

与传统工具相比，人工智能并非固定不变的工具，而是具有相当程度的自我适应性或自我改进性。这种自我改进性来自于机器学习算法，尤其是立足于神经网络技术而发展出来的深度机器学习。与传统线性建模算法相比，此类算法完全利用输入的数据自行模拟和构建相应的模型结构。这一算法特点决定了它是更为灵活的依据不同的输入来训练数据而拥有的自优化特性。[2]正是这种自我改进的智能发展，让人有种杞人忧天式的担忧——人工智能的学习能力将越来越强，从逻辑上推演，它终将超越甚至取代人类。然而，这恰恰是一种没有极限思维的单线想法，如果理解了上述计算机的本源设计和技术原理，就很容易看出其中的谬误。更具体地说，人工智能的发展并非如庄子所言的"无所待而逍遥游"，而是要受制于大数据、算法、算力等自身条件的限制。

作为人工智能最核心、最关键的要素，大数据具有海量（Volume）、高速（Velocity）、多样（Variety）、真实（Veracity）等特征[3]。海量意味着数据的体量大，高速意味着数据更新

---

〔1〕　See Alexandru Tugui, "Reflections on the Limits of Artificial Intelligence", *Ubiquity*, *Volume 5*, *Issue 38*, December 1-7, 2004.

〔2〕　姚海鹏等：《大数据与人工智能导论》，人民邮电出版社 2017 年版，第 6 页。

〔3〕　参见蒋惠岭："司法大数据能为我们带来什么"，载《人民论坛》2017 年第 36 期。

的及时性和连续性，多样意味着数据来源及内容的多维度、多角度，真实意味着数据本身的可靠性，只有同时满足这些条件的数据才能为我们提供"全样本"，进而发掘出真正的、充分的、广泛的信息。换言之，能否被称为大数据的关键在于，数据本身的内在质量，而数据体量的大小仅仅为此提供了必要的条件。这也是大数据被翻译为"big data"而不是"large data"的原因。现实中，数据的采集、汇聚、加工与理想状态的大数据总是存在距离的，具体包括数据客观层面的不完整性和主体道德认识上的偏见。IBM公司的研究人员亚历山德拉·奥尔泰努（Alexandra Olteanu）在研究报告中指出，数据会决定决策的方式，但数据的收集和测量方式可能导致信息偏见和不完整。在社交领域中，近年来，研究者越来越有兴趣探讨数据集及其采集方法的局限性，它们在很大程度上取决于研究问题的提出背景，从根本上说是研究者的目标。其中，道德伦理的挑战被提到前列，而完全消除社会数据当中的偏见是不可能的，甚至是不可接受的。[1]就算法而言，其也要依靠前端训练集的取样分析，并要通过后端的模型形成和测试，根据新的数据如此循环反复，才能得以不断优化。然而，这也是理想状态。实践中，也常常会存在模型的过度拟合——只在训练样本上表现得很好而不能对于新的数据样本做出很好的预测，或模型的欠拟合——由于数据集太小导致模型不能预测整个样本空间。此外，在机器学习当中还存在"no free lunch"定理——也即不存在能够在所有可能的分类问题中性能均为最优的算法。例

---

〔1〕 See Alexandra Olteanu et al. , "Biases, Methodological Pitfalls and Ethical Boundaries", https://www. microsoft. com/en - us/research/wp - content/uploads/2017/03/SSRN-id2886526. pdf, accessed June 3, 2019.

如，序列 1，2，4，既可能是"前数+1，前数+2，前数+3"的
规律，也可能是"2 的 0 次方，2 的 1 次方，2 的 2 次方"的规
律，而无论何种算法，显然均无法同时满足两种规律。[1]就算
力而言，尽管有摩尔定律的支撑及相关硬件设施的发展，但随
着今后数据量呈几何级扩大，能否对其形成挑战，恐怕还有待
进一步观察。就算力而言，其是算法有无"用武之地"的重要
外在保障。姚海鹏等指出，作为深度机器学习基础的多层神经
网络在计算机运算能力取得突破之前，几乎没有实际应用的价
值，因为运算量实在太大了。在十几年前，用神经网络算法计
算一组并不海量的数据，辛苦等待几天都不一定会有结果。[2]
在今天，得益于摩尔定律和与此相关的硬件设施的发展，算力
得以大大提升，从而在很大程度上突破了人工智能的发展瓶
颈。但算力作为外部制约条件毕竟始终存在。

三、人工智能技术不可能超越既定历史而创新

尽管我们说，人工智能的目的并不在于对既有训练样本作
出更好的解释，而是对未知样本作出更好的预测。且也正如前
文所述，人工智能在工具属性上表现为信息的多维度，能够在
很大程度上消除认知的盲点、误区或偏见等。从这个意义上
看，其似乎具有前瞻性。但细细考察我们会发现，人工智能对
未知样本的"泛化"能力在本质上是一种归纳推理，也即由有
限的数据集（特例）推广到整个样本空间（一般）。[3]而从大

---

〔1〕　参见姚海鹏等：《大数据与人工智能导论》，人民邮电出版社 2017 年版，
第 26~30 页。

〔2〕　姚海鹏等：《大数据与人工智能导论》，人民邮电出版社 2017 年版，第
6 页。

〔3〕　姚海等：《大数据与人工智能导论》，人民邮电出版社 2017 年版，第 29 页。

数据角度看，人工智能所处理的数据是既有的或正在实时生成的数据，而非尚未生成的数据。也就是说，它所依据的是人类既有的经验——也即人们常说的"有多少人工就有多少智能"或较为负面的说法是"垃圾进，垃圾出"，故人工智能技术不可能超越既定历史而创新。这实际上也是人工智能不能完全代替人类主体性的重要方面。与人工智能相比，人类能够感知具体经济社会条件的变化，而非对其做程序化、格式化的机械理解，从而能在一定条件下摆脱既定行为模式，创造性地推动历史向前发展。

综上，我们可以看到人工智能自身局限性和基于此的应用限制。正如我国人工智能领域泰斗张钹院士所总结的："目前的人工智能技术适合解决的问题，一般都要满足有充分的数据和知识储备，而且需要是确定性问题、完全信息、静态的、有限任务和特定领域。"[1]

第三节 人工智能在司法场景中的"三重不适"

大数据、算力的提升和较好的人工智能算法是建立在合适的场景之下的。目前，人工智能在围棋、象棋、语音识别、图像识别和电视知识竞赛领域获得的成功，是基于这些场景中有丰富的知识或数据，或满足下面的五个限制条件：确定性信息、完全信息、静态的、单任务和有限领域。任何一个条件不满足，现在的人工智能均会遇到很大困难。[2]换言之，人工智

---

〔1〕 华宇元典法律人工智能研究院编著：《让法律人读懂人工智能》，法律出版社 2019 年版，第 8 页。

〔2〕 参见张钹："走向真正的人工智能"，载《卫星与网络》2018 年第 6 期。

能的应用总是和特定的场景联系在一起的。如果说大数据、算法、算力等要素内在地决定了其潜能和极限的话，场景的特定性则外在地决定了其适应性。司法领域的特殊性决定了人工智能的司法应用至少有以下三重不适。

一、无法适应司法的不可计算性

总体上，人工智能并不能超越理性计算范畴，而司法是人与人之间的直接社会实践活动，并不仅仅是或主要不是理性计算活动，两者之间的适用性是有限的。从实证分析法学的角度看，司法具有规范性、程序性和逻辑性，它要求法官以事实为依据、以法律为准绳进行裁判，不得随性地"擅动界碑"，且裁判的过程应符合基本的程序要求、满足逻辑一致性的要求。从这个意义上看，司法确实在某种程度上具备"可计算"的基础。然而，并不存在"纯而又纯"的法律规范，在这些规范的背后"站着"主体的主观愿望、价值诉求和政策考量。[1]这就意味着，司法不是程序化的理性计算，而是事实与价值的复合体（实体上）和技术应用与民主过程（程序上）的统一体，它要借由事实查明和法律适用这一过程实现公平正义、彰显人文关怀。作为最低限度的道德的法律和以良序善治为导向的法治，包含了正义观、价值观等诸多非理性因素，而这些因素又恰恰在司法活动中处于至关重要的主导地位，法官往往据此来分配和调节社会利益关系，通过直接适用或借助各类法律解释的方法，使其合乎规范的目的，而那些可计算的理性因素反而要服务于此。

---

[1]　参见史际春："由民法看法本位"，载《法律学习与研究》1992年第1期。

在实体方面，对犯罪与否的定性、刑罚的科处、直接涉及伦理道德的家事案件的办理，法律的道德化色彩更为浓厚，法官恐要首先（或潜意识里）考虑社会效果问题，然后再用法律规范的技术主义予以证成，实现法律效果和社会效果的统一。即使是那些看起来属于纯粹计算的司法认定，恐也不能不受某种司法立场或价值判断的影响。例如，在交通事故损害赔偿纠纷中，精神抚慰金的数额通常与受害人的伤残等级相对应，法官也是据此作出裁断，但其他因素也会时不时地影响法官的裁断，如受害人的经济状况、侵权人的主观恶意等。这些变量恐非程序化的人工智能所能具体吸纳并加以有效调适。[1]在程序方面，司法程序也绝不是"冷冰冰"的方程式，它有相对独立的"看得见的正义"价值，承载着司法民主的内在需求，蕴含着诉讼各方的认同感、参与感、获得感。倘若司法如机器一般运作，司法程序将沦为空洞的符号或算式，法官、司法机构甚至司法本身也将不复存在。让不具备情感、意志的人工智能来承担司法的价值判断，是勉为其难的。故本书同意这样的观

---

〔1〕《最高人民法院关于确定民事侵权精神损害赔偿责任若干问题的解释》第5条并未明确精神损害抚慰金的计算方式和赔偿限额，各地法院往往根据本地区的经济发展水平及司法实践，制定出具体的精神损害抚慰金计算规则。其中，《安徽省高级人民法院审理人身损害案件若干问题的指导意见》第25条的规定尤为量化，也更适宜于智能化处理：①公民身体权、健康权遭受轻微伤害，不支持赔偿权利人的精神抚慰金请求；②公民身体权、健康权遭受一般伤害没有构成伤残等级的，精神抚慰金的数额一般为1000元至5000元；③公民身体权、健康权遭受的伤害已经构成伤残等级，精神抚慰金的数额可以结合受害人的伤残等级确定，一般不低于5000元，但不高于80 000元。④造成公民死亡的，精神抚慰金的数额一般不低于50 000元，但不高于80 000元。但该条同时规定，案件有其他特殊侵权情节的，精神抚慰金的数额可以不按上述标准确定。受害人自身有过错的，应按其过错程度减少精神抚慰金数额。可见，即使是这类"标准化"的案件也无法完全排除价值判断的因素。

点："目前和将来相当长时期的人工智能仅仅是辅助性司法活动的实践工具、司法裁判活动的新分析工具而已，其本身尚无法感知、承载和落实司法根本属性所凝结的法的伦理道德诉求、政策价值考量等。"〔1〕

二、无法适应司法的动态博弈性

人工智能技术受到大数据、算法、算力等自身条件，尤其是数据完备性这一核心条件的限制。我国在法院信息化建设、司法公开工作方面取得了长足的进步，但以真正意义的大数据来审视，还存有不足。以裁判文书上网为例，在外在形式上存在公开不全面、选择性公开〔2〕，中西部法院上网率不高〔3〕，缺乏全国范围内、长历史跨度的裁判文书等问题〔4〕。在实体内容上，公开体量的巨大并不能弥补数据失真、维度单一等不足。少数裁判文书说理"简单粗暴"、表达模糊不清，其实已是本体意义上的"数据失真"了，而一些重要和关键的信息则

〔1〕　参见冯洁："人工智能对司法裁判理论的挑战：回应及其限度"，载《华东政法大学学报》2018 年第 2 期。

〔2〕　根据社科院的第三方评估显示：全国法院中尚有 2136 家法院没有公示不上网裁判文书数量，占 62.00%；1808 家法院未公开不上网裁判文书的案号，占 52.48%；1819 家法院未公开不上网裁判文书的理由，占 52.80%。参见李林、田禾主编：《中国法院信息化发展报告 No.2（2018）》，社会科学文献出版社 2018 年版，第 50 页。

〔3〕　早期的一些实证研究指出：有些省份如浙江、陕西、安徽的法院公开文书量可以达到 60% 甚至 70% 以上，而有些省份如黑龙江、西藏的法院要低于 20%。参见马超、于晓虹、何海波："大数据分析：中国司法裁判文书上网公开报告"，载《中国法律评论》2016 年第 4 期。目前，这种情况并未得到根本性改观。

〔4〕　《最高人民法院关于人民法院在互联网公布裁判文书的规定》于 2013 年 11 月 21 日公布，自 2014 年 1 月 1 日起施行，2016 年 8 月 29 日修订。裁判文书上网的全面推开是最近几年的事情，加之各地推进工作的不平衡，历史性、区域性问题较为突出。

"隐藏"在庭审笔录、合议笔录中，不能公开或不应公开。此外，司法过程的复杂性也决定了大量非电子化信息的存在，如大量手写的案件记录、副卷、实物证据、辩论信息难以电子化等。这些缺陷削弱了形成大数据的全样本基础。近年来出台的《最高人民法院关于加强和规范裁判文书释法说理的指导意见》（2018 年 6 月）强化文书说理、公开法官会议纪要，部分法院尝试将合议庭少数意见写入裁判文书[1]，这些实践做法既呼应了司法公正的需求，也为人工智能的司法应用提供了有力支撑。

准确地说，全样本问题更多地属于"困难"范畴，通过上述条件的创造和持续的努力，至少能够在理论上解决。但更要害的"极限"问题是，裁判文书的背后是诉讼活动，从信息论角度看，这种活动是动态的、博弈的，有着不断输入输出的信息流，至于如何把控信息流的"开关"，则取决于法官对诉讼活动的感知、理解和判断。具体地说，法官居间裁判，而控辩双方则不断地搜集证据、举证质证，罗列和阐释法律上的根据，试图说服法官并作出对自己有利的裁判。随着控、辩、裁各方的不断博弈，越来越多与案件相关的信息将不断汇聚。从理论上看，这将越来越逼近"案件真相"，也完全符合利用信息的认识论原理——利用更大量、更丰富的信息来消除信息的不对称性。但问题在于，控辩双方很可能基于自身的立场、利益整合出两套逻辑自洽的论证体系，并选择性地提供信息、隐匿相关案件信息或增加若干干扰信息，且随着审判进程的发展，各种不同价值或不同干扰度的信息都会继续"膨胀"。基于此，如何对不断输入的信息进行有效判断，并在恰当的时点

---

[1] 参见刘欢："北京知产法院首次将'少数意见'写入判决书"，载《北京日报》2015 年 12 月 15 日。

"关闭"信息的继续"流入"成了裁判的关键所在。人工智能对此无能为力，因为其仅适用于信息相对确定、封闭、静态的领域。以围棋为例，从表面上看，棋手间的对弈似乎也是动态博弈的，实则处于封闭、静态的边界内。围棋的规则是完全确定的（不会受到新信息流的干扰），棋盘布局也内在地划定了可能的落子范围及其相应的获胜概率（信息流虽大，却是完整和封闭的），人工智能完全可以据此计算出"最优落子可能"。但在诉讼活动中，诉、辩、裁各方对法律规则的前置理解、事实调查或陈述技艺的运用都会影响干扰信息的排除、新信息流的纳入，从而使司法场景的边界处于变动不居的状态。这颇有些"人工智能不能两次跨入同一条河流"的哲学意味，一旦存在干扰信息或新的信息，人工智能的既有决策便将失之毫厘、谬之千里。[1]换言之，我们不可犯类推思维的错误，简单地将人工智能在围棋领域的应用复制到司法场景中，对司法场景变化、确定的掌控只能仰仗于法官的智慧和经验。这种掌控表面看来是对信息输入输出的分析和判断，实则是对人性、具体社会关系、生活经验的体察和把握，作为机器的人工智能无法以人的方式理解人，其应用也应止步于此。

---

〔1〕　张钹院士提到，人类的最大的优点是"小错不断、大错不犯"，机器最大的缺点是"小错不犯，一犯就犯大错"。全球有名的索菲亚机器人在电视中看起来侃侃而谈、对答如流，实际上这些问题是预先准备的、有明确答案的。如果临时提问题，索菲亚的缺陷就暴露了。一个中国记者给索菲亚提的四个问题中，它只答对了一个。"你几岁了？"这个问题很简单，但它答不上来，它的回答是"你好，你看起来不错"，答非所问，因为它不理解所问的问题。只有第二个问题"你的老板是谁"它是有准备的，所以答得很好。第三个问题，"你能回答多少问题呢？"它说"请继续"，没听懂！第四个问题"你希望我问你什么问题呢？"它说"你经常在北京做户外活动吗？"参见张钹："走向真正的人工智能"，载《卫星与网络》2018年第6期。

三、无法适应司法的能动创新性

上文提及的诉、辩、裁各方的动态博弈及司法场景的变换是微观层面的。实际上，在宏观层面还有一种更为广阔复杂的场景，即司法与社会的互动。这种场景下，法官并不是盲目或一概地类案类判或遵循先例，而是要表现出一定的能动创新性。总体上，不应否认司法克制主义成为法官的主流意识形态，因为，司法克制主义最适宜法治理念的实现，司法只有奉行克制主义才能保证法律意义的安全和稳定[1]，但在现代经济社会条件下，这种主流意识形态受到了一定程度的冲击。一方面，伴随着社会关系网络化、立体化的发展，狄骥所言的主体之间的"社会连带性"日益紧密，公权与私权也呈现出融合发展的趋势，社会对司法的期待也不限于个案纠纷的解决，而是要在个案处理中更好地回应社会，并尽可能地在社会治理中发挥更大的作用。另一方面，一些新型的社会关系也随着平台经济的发展而催生，既有的传统法律关系均难以对其完全适用，如专车平台与司机端的法律关系认定、数据竞争的司法裁判问题等。在立法滞后和行政执法不足的情况下，如何巧妙地运用司法政策、法律原则恰当地处理相关案件，并在实质意义上推动制度供给，实现制度对社会经济发展的助推，就成了摆在法院面前的重大课题。这就意味着，司法在某些特定情况下要秉持一定程度的司法能动主义，以"熨平"社会关系与法律之间的脱节，而相应的裁判思维也不应局限于机械的法条主义，而是要有更宽广的社会、经济维度的考量，并智慧地将此

---

〔1〕 参见陈金钊："法官司法的克制主义姿态及其范围"，载陈金钊、谢晖主编：《法律方法》（第7卷），山东人民出版社2008年版。

种考量和法律原则、司法政策、相关法律规范等有机地融合在一起，从而在更高层面满足法的自洽性和安定性。在此种情况下，法官对个案的处理已经超越了案情、法律本身，他们要更敏锐地捕捉到经济社会条件的变化，并在合理的范围内，通过各种司法技艺调节经济基础和上层建筑之间的不适。

人工智能对此种更为复杂的场景的变换是无法适应的。从技术原理和认识论上看，人工智能确实能从大数据中挖掘出人们所忽略的或尚未触及的潜在信息，从而表现出预见性。但此种预见性实际上来源于对既有或正在生成的经验或数据的提炼升华，其对未知样本的"泛化"能力在本质上是一种归纳推理，也即由有限的数据集（特例）推广到整个样本空间（一般）[1]，也没有脱离相对封闭、静态的场景边界。如上所论，让人工智能判断、掌控个案案情信息流的输入输出已然不可行，更别说由其判断案情之外的经济社会条件的变化并据此作出调适。当然，人工智能在这方面并不是不能有所作为，它们依然能够通过数据发掘，为法官提供经济社会条件变化的具体数据、资料和报告，以及对既往裁判社会效果的衡量，从而为司法的能动创新性提供必要的准备和辅助。

第四节　司法对人工智能应用的"三个反制"

作为新兴的信息技术工具，人工智能也在应用中型塑着司法。这固然有其积极的一面，但若任其恣意扩张，触及司法的价值底线，也会遭到司法的强烈反制。从逻辑上看，该

---

〔1〕　参见姚海鹏等：《大数据与人工智能导论》，人民邮电出版社2017年版，第29页。

反制是人工智能不完全适应司法场景的必然结果。实践中，人工智能对司法的型塑，不仅包括外在的诉讼运行，也渗透、扩张到了司法本体中，还隐含着技术失控的外溢风险。基于对程序正义、司法本体和国家安全等价值底线的坚守，司法理应（也正在）对其做出反制。从这种"扩张—反制"关系的动态图景中，我们可以看到人工智能司法应用的另一维度的极限。

一、基于程序正义的反制

在诉讼运行方面，我们可以直观地看到人工智能应用的扩张。它对司法的型塑主要表现为：诉讼的线上化、智能化以及诉讼规则、法院组织形态的变革，集中反映了人民法院信息化建设的过程。《最高人民法院关于加快建设智慧法院的意见》提出，要努力实现法院"全业务网上办理、全流程依法公开、全方位智能服务"。从以"数字化"为核心的人民法院信息化1.0版（关注纸质文档向电子文档的转化）到以"网格化"为核心的人民法院信息化2.0版（关注法院工作方式由线下向线上的转化），再到以"智能化"为核心人民法院信息化3.0版（关注数据的留存、利用和智慧司法）〔1〕，诉讼也获得了相应的信息化改造，依次层层推进。一是线上化，包括网上立案、电子送达、在线审判和审判管理的信息化流程化等。二是智能化，对线上诉讼活动实时留存的数据进行充分利用，发展相关的智能应用，如自动审查起诉材料是否齐备完整、依靠语音识别技术自动进行庭审记录、人工智能辅助科学证据可采性审

---

〔1〕 参见王禄生："司法大数据与人工智能技术应用的风险及伦理规制"，载《法商研究》2019年第2期。

查、裁判文书样式自动生成、类案类判推送、辅助评估保释、预测案件审理结果等。三是诉讼规则、法院组织形态的变革。自电子证据被修改后的三大诉讼法列为新的证据形式后，《最高人民法院、最高人民检察院、公安部关于办理网络犯罪案件适用刑事诉讼程序若干问题的意见》（2014 年）、《最高人民法院、最高人民检察院、公安部关于办理刑事案件收集提取和审查判断电子数据若干问题的规定》（2016 年）等相关司法解释陆续出台，进一步充实了电子证据的相关规则。2017 年至2018 年，浙江、北京、广州相继增设互联网法院，积极应对信息时代的挑战，主动适应网络时代的诉讼特点。随后，《最高人民法院关于互联网法院审理案件若干问题的规定》出台，确立了网上案件网上审理的思路[1]，被认为既方便诉讼，又有助于通过审判创制依法治网规则。

上述变化的内在动因是效率，"对于人工智能而言，去把握如何提高司法的效率，要比去把握如何实现司法的公平更容易"[2]。这种效率导向体现在各个层面。一是事务性工作的替代，如法官助理或书记员的诉讼材料的接收、通知送达、身份核验、笔录记录、卷宗的整理归档等。二是在某些诉讼环节有所应用，如网上立案、特定涉网案件的在线审理等。特别是，某些涉网案件（如消费者起诉电商的纠纷），无论从诉讼的数量、空间的距离，还是从证据的留存、取证来看，似乎只有网

---

〔1〕《最高人民法院关于互联网法院审理案件若干问题的规定》第 1 条规定："互联网法院采取在线方式审理案件，案件的受理、送达、调解、证据交换、庭前准备、庭审、宣判等诉讼环节一般应当在线上完成。根据当事人申请或者案件审理需要，互联网法院可以决定在线下完成部分诉讼环节。"
〔2〕参见李晟："略论人工智能语境下的法律转型"，载《法学评论》2018年第 1 期。

上审理方能从根本上化解社会成本过高的问题。三是智能性因素更强的类案推送、智能裁判，可以让法官节省检索时间，有效地从既有案例中获得裁判方案或办案参考。[1]但问题在于，司法程序并不等同于计算机程序，有其独特的程序正义价值。从抽象意义上看，司法程序正是要在一步都不能少的步骤中充分体现出司法的民主价值，让参与其中的当事人和社会公众能感知到司法的中立性、平等性、专业性、权威性和便利性等，而这种感知又将反过来进一步强化司法威信。在很大程度上，司法既不掌财，也不掌兵，其权威的社会认同恰恰来自公众对程序公正的感知和体验。恰如有学者认为的："法院审判的独立性是基于政治权力对法治原则的认可而存在，尽管法院自身既无财权也无军权；司法的权威性除了基于自身的强制力外，更是依靠广大人民群众的信任和信心；司法的终局性则主要基于法律的程序正义原则，把对事实和法律问题的判断止于程序救济终结之处。"[2]从具体层面看，将诉讼从线下搬到线上，最为显著的变化就是司法场景的转化，并进而导致以下几个方面的程序正义价值的减损：由法台、国徽等法庭设施所营造的"司法剧场效应"受到削弱，法庭的威严感、神圣感难以被感知；既有诉讼程序中的亲历性、对抗性、规范性、严密性等也因网络的非现场性而不可避免地受到了削弱，并进而产生一系列相关问题，如实践中的异步审理是否有违诉讼法的直接言词原则、证人在线作证的有效性、可行性和证据出示的有效感知

---

〔1〕 参见陈敏光："善假于物与审判异化：司法人工智能的辩证思考"，载 http://kns.cnki.net/kcms/detail/50.1023.c.20200514.1641.004.html，2020 年 6 月 10 日访问。

〔2〕 参见蒋惠岭："司法改革进入新时代 六大配套工程应当成为改革重点"，载《人民法治》2018 年第 1 期。

和质证等问题。换言之，从线下到线上的程序转换必须要有更好的替代解决方案，或对其的容忍符合司法效率和程序价值的权衡取舍。近期，最高人民法院出台了《民事诉讼程序繁简分流改革试点方案》，专章规定"健全电子诉讼规则"，第23条规定双方当事人明确表示不同意，或者一方当事人表示不同意且有正当理由的，不适用在线庭审，较好地体现了这种取舍。最高人民法院有关作者也撰文指出：电子诉讼本质上是诉讼活动，必须严守正当程序原则，按照程序规则规范化运行。电子诉讼的适用必须以当事人同意为前提，不能剥夺当事人选择线下诉讼方式的权利。避免刻意追求所有案件在线审理、盲目追求案件全流程在线审理。充分发挥技术辅助审判的作用，但不能以技术判断代替司法判断，推行所谓"机器审判"[1]。这也反证了，程序正义价值是人工智能司法应用不可逾越的一条"红线"，司法已在此方面作出了一定的反制。

二、基于司法本体的反制

相比于诉讼运行而言，人工智能对司法本体的型塑是更为隐蔽的，它对司法的本体属性——裁判权的归属和行使，提出了重大挑战。这种挑战，始于网络世界（人工智能赖以运行的环境）对传统部门法的冲击。既有的法律规则和司法裁判对网络世界表现出了相当程度的陌生和不适，一度引发了诸多有争议的问题，如民事领域中网约车司机和平台是否存在雇佣关系、经济法领域中网络效应与反垄断法的执行和刑事领域中关于网络犯罪共犯理论的可适用性等。一方面，司法不得不汲取

---

〔1〕 参见李承运："正确把握推进电子诉讼的四个维度"，载《人民法院报》2020年4月2日。

技术方面的基础知识、了解网络运行的基本情况，才能作出更合理的裁判；另一更重要的方面是，网络方面的法律问题可能有其独特的内在逻辑，而人们对此缺乏足够的理论把握。早在 20 世纪 90 年代，美国就发生了关于网络法独立性的著名争论——"马法之争"。美国第七巡回上诉法院时任法官弗兰克·H. 伊斯布鲁克（Frank H. Easterbrook）撰文指出，网络法只是具体法律部门的专门应用，正如对马没有专门立法和研究的必要，网络法的独立性并无根据。[1]哈佛大学学者劳伦斯·莱斯格（Lawrence Lessig）则针锋相对地认为，不同于现实世界，网络空间是相对独立的空间。例如，在网络世界中很难辨识成年人和未成年人，由此给儿童色情规制问题造成了重要挑战。因而，除法律、社会规范和市场之外，还需要一种以代码为基础的架构对其加以规范，代码是另一种规范。[2]现在看来，劳伦斯·莱斯格的观点有较强的预见性，他实际上也提供了一种规制网络空间的思路，即用技术的手段解决技术产生的问题。在很多方面，这一思路确有实效。例如，目前的在线审理可以解决网购纠纷管辖权所带来的社会成本过高的问题，将来的电子身份证技术可以有效地解决儿童色情规制中的年龄辨识难题，网络公证可以很好地解决电子证据留存、鉴真的问题。技术一旦有用，就有泛化的惯性和倾向。近些年，这种技术思路被复制和扩大到司法领域，各类辅助法官量刑的智能应用开始出现，如国外的 COMPAS 系统、国内的"上海刑事案件智能辅

---

〔1〕 See Frank H. Easterbrook, "Cyberspace and the Law of the Horse", *1996 U Chi Legal F 207.*

〔2〕 See Lawrence Lessig, "The Law of the Horse: What Cyberlaw Might Teach", *113 Harv. L. Rev. 501* (1999).

助办案系统"（上海"206"），不少技术公司更是热衷于此，以案由为切入，努力开发基于案例和规则的各类智能系统。但要害在于，技术泛化暗含着技术内嵌于法律和侵蚀司法的隐忧，需要我们从司法本体角度对其进行审慎的思考和批判。

从本体上看，司法是指运用国家权力对诉讼案件进行审判的活动。司法即国家的审判活动；司法权就是审判权（也即一种居中的裁判权），通过个案裁判的方式维护法的价值的终局性的权力，而司法机关就是审判机关。[1]然而，在当前法官普遍受制于技术门槛而不能很好地规训技术滥用和失控的情况下，技术人员有可能通过算法的构建和引入，在事实上"分享"司法权，从而在一定意义上成为"影子法官"。而更复杂的是，这种算法在技术上存在着不可解释性（算法黑箱），在价值上又不可避免地带有技术人员的前见其至是偏见（算法歧视），并以机器的规模化方式驱动司法之运转，这恐怕不是现行司法制度能够接受的，也不能为社会公众所认同。而此种隐患已经开始显现。例如，在威斯康星州发生的著名的"State v. Loomis案"中，尽管该州最高法院驳回了被告关于COMPAS量刑系统侵犯其正当权利、平等保护权利的上诉，但学者依然质疑和担心：公共职能的"猖獗"算法化，将会因法律黑箱、技术黑箱等问题而对正当程序、平等保护和透明度产生威胁，无限制、不接受审查地将公共权力外包（outsourcing）给人工智能，将会破坏人权和法治。[2]《哈佛大学法律评论》的文章则进一步指出

---

〔1〕　参见周玉华主编：《中国司法学》，法律出版社2015年版，第16页。

〔2〕　See Han-Wei Liu, Ching-Fu Lin and Yu-Jie Chen, "Beyond State v Loomis: artificial intelligence, government algorithmization and accountability", *International Journal of Law and Information Technology*, 2019, 27, 122.

了其中的内在矛盾，要求法官对旨在纠正法官偏见的工具本身进行"偏见审查"是令人不安的，法官并不具备这样的信息和能力。故应采取更严格的措施——诸如排除算法黑箱的风险、在大量研究之前禁止使用等，以抵消新技术带来的负面影响。[1]除价值因素外，技术人员在司法自身逻辑框架内所开发的"要素式审判""知识图谱"等技术应用，也会因认知的局限而存在"简化实体审判"的问题，如前文提到的对在道路交通事故损害赔偿纠纷中产生的精神损害抚慰金的确定就不应当是要式化的逻辑推理，而是要顾及侵权人的主观恶性、受害人受损情况等具体情境加以通盘考量。目前，我们只是感性地认识到人工智能司法应用的强大效率逻辑及一些可能的负面影响，但并没有在理论上有力地回应以下根本问题，即司法改革对人工智能技术的强化是否会导致司法权本身被分化为司法权力和技术权力；如何在法院组织层面对司法权进行有效配置；人工智能技术人员是否将成为新的一类司法辅助人员，其与法官的关系如何定位。在2017年《人民法院组织法》[2]、《法官法》修订时，就有学者呼吁指出，人工智能时代的变化并没有及时和充分地反映到《人民法院组织法》和《法官法》的修改当中，具体包括数字信息处理部门、电脑工程师等司法辅助部门及其人员的权利义务、法律和计算机程序编码以及大数据算法的支配下如何强调法官"有思考的服从"、判决自动生成的技术如

---

〔1〕 See Wisconsin Supreme Court Requires Warning Before Use of Algorithmic Risk Assessments in Sentencing, MAR 10, 2017, 130 Harv. L. Rev. 1530, https://harvardlawreview.org/2017/03/state-v-loomis/, accessedJune 6, 2019.

〔2〕《人民法院组织法》即《中华人民共和国人民法院组织法》。为论述方便，本书涉及的我国法律只使用简称，省略"中华人民共和国"字样，后不赘述。

何与法律解释和法律沟通兼容等。[1]在今后的立法、司法实践中，上述系列问题无法回避，它也会在不同方面、不同环节中具体地展现出来，司法应对其做出必要的准备和正确的反制，从而将人工智能的司法应用限定在可接受的合理范围内。

三、基于国家安全的反制

从长远看，基于大数据的智能分析和天然的信息论、系统论视角，人工智能将有力地推动司法功能的蜕变。在传统上，定分止争被视为司法的基本功能。但从系统论看，司法不仅仅是对个案的裁判，亦是社会治理体系的重要一环。通过个案裁判形成制度助推，往往是拓展司法社会治理功能的重要手段。由于各国司法制度、法律传统存在差异，这种拓展往往呈现出不同的表现形式，判例法国家的判例本身就蕴含着具有法律效力的规则体系，司法直接介入社会治理；非判例法国家的司法裁判的介入则可能要间接和迂回一些，如我国法院系统则通过司法解释、指导意见、司法建议、调研报告、新闻发布的方式介入其中。在人工智能的积极应用下，司法的定分止争功能将被更好地拓展为更广阔的社会治理功能。尽管这方面的认识和研究较少，但国内已有法院通过人工智能技术形成社会纠纷根源的数据研究报告，并积极参与府院相协调的源头治理。这种源头治理很好地把握和运用了人工智能的信息工具优势，摆脱了"案海战术"的困境，从社会治理层面最大限度地提升了司法效率。

---

[1] 参见景玥："法学大咖共聚金陵论司改成果入法如何除旧布新"，载 ht-tp://legal.people.com.cn/n1/2017/0910/c42510-29525963.html，2019 年 4 月 12 日访问。

但福祸相依，司法社会治理功能的拓展以大数据为依托，不可避免地存在一些外溢风险，威胁着国家安全。一方面，司法大数据不同于商业大数据，具有极强的公共属性，数据的公开、存储、流转、开发、利用应以何种主体为依托、以何种方式进行，均是有待深入探索和思考的重要问题。不无疑虑的是，商业领域的数据垄断、数据杀熟会以同样的原理和方式表现在司法领域，如一旦智慧法院建设当中的平台设施和相应的数据要受制或依赖于网络技术公司，则当事人信息（包括身份信息）甚至审判秘密的安全等也可能受到威胁。侯猛就此指出："利用互联网技术进行网上审判的创意，最早就来自于阿里巴巴公司，且杭州互联网法院是依托阿里巴巴建立诉讼平台来运行的……这既影响了阿里巴巴等平台公司与其他公司之间的非对等地位，如阿里巴巴公司的竞争者为防止数据被监控或泄露，会拒绝在该法院进行网上审判，也增加了法院自身被技术公司俘获的可能。"〔1〕另一方面，作为国家政权体系中的一种权力，司法不可避免地带有政治的"烙印"及相应的意识形态色彩，这就决定了对司法大数据的智能运用应有目的上的正当性，尤其是出于国家安全方面的考虑。利用大数据等智能分析的手法，用于策划"颜色革命"或开展其他政治渗透等活动，早已不是传闻，而是活生生的现实。在民族国家博弈的背景下，政治斗争、经济竞争必然长期存在，别国利用可以随手获得的司法大数据，按照其目的，并经由人工智能的处理，进行相应的政治渗透、意识形态层面的"造势"，也并非不可能。且从现实来看，大数据等相关技术在我国目前尚停留在技术应

〔1〕 参见侯猛："互联网技术对司法的影响——以杭州互联网法院为分析样本"，载《法律适用》2018年第1期。

用层面，与此相关且更为重要的网络基础架构、芯片、操作系统和网络服务等都还掌握在美国手中〔1〕，这种风险就尤应引起决策层的警惕。严格地说，技术俘获司法、意识形态输入等外溢风险已经超越司法自身范畴，关乎国家安全，但由于司法是社会治理的重要组成部分，以国家安全为基础对人工智能的司法应用进行划界，殊为必要。

---

〔1〕　美国信息安全权威专家布鲁斯·施奈尔（Bruce Schneier）的观点指出：美国在信息安全技术方面仍然是毫无争议的世界领先者，而且这种领先地位很难被撼动，因为①政府的情报预算超过其他国家的同类预算总和；②由于互联网起源于美国，其基础架构使得全世界的数据流都会经由美国，即使是两个其他国家之间的数据流动；③其他国家的智能产品都在使用美国制造的芯片、操作系统和网络服务，并因此受制于美国法律，"这就是霸权"。转引自 Greg Allen and Taniel Chan，"Artificial Intelligence and National Security, Belfer Center for Science and International Affairs"，*Harvard Kennedy School*，Harvard University，2017，p. 97.

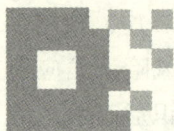

第四章
司法人工智能的现实基线

明确了司法人工智能的"善假于物",厘定了司法人工智能的理论极限,也就清楚了司法人工智能如何"有所为"与"有所不为"。但"工欲善其事必先利其器",要进一步进入应用层面,还需对应用司法人工智能的基本条件做一番考察。只有营造更好的环境和条件,提高现实基线,司法人工智能的应用才会有长足的发展。

第一节 不清晰的现实基线

从现状来看,对于司法人工智能现实基线的研究更为薄弱,这或许因为,作为跨学科的内容,技术和司法的相互支撑本身就具有高门槛的特性。

一、基线的忽视和反省

极限思维侧重于司法人工智能的"不可为",而基线思维则侧重于司法人工智能的"可为",具体地说,它要研究和回应制约司法人工智能发展的具体条件和存在的障碍,从而为其更好的发展营造有利的环境。总体上看,目前的研究更多的是表明了司法人工智能的积极态度，并在抽象意义上提出可能的不适、不足和隐患等（正如前文理论极限部分所论述的），也不乏司法人工智能条件制约和技术障碍上的分析。比较有代表性的当属左卫民的《如何通过人工智能实现类案类判》和王禄生的《司法大数据与人工智能开发的技术障碍》。前者集中于类案类判的具体场景，分析指出了司法公开地区差异、管理体制机制、技术自身困难等因素对司法人工智能应用的制约；而后者则结合类案类判、量刑辅助、偏离预警等司法场景，从司法人工智能产品开发思路和具体技术细节等角度，较为系统全面地论及了司法大数据与人工智能开发的技术障碍。[1]

应当说，这些研究更接近实际应用，因而具有很强的现实意义，但相比抽象意义的研究，这类研究在体量上尚属少数。从而导致了，人们对于现实基线的认识并不十分系统、确切和清晰，有待于做更深入系统的探讨。

二、确定基线的两个维度

作为人工智能技术在司法场景当中的应用，司法人工智能的实质是将能够且适宜实现的司法需求通过技术手段予以实现，这就必然涉及司法和人工智能有效叠合的问题。一方面，司法工作人员（包括法官、司法辅助人员和法院管理者）应准确理解和把握包括现实需求和潜在需求在内的各种具体司法需求，在这个基础上，还要准确无误地将此种需求传导到技术应用开发者那里，让其根据技术原理进行设计开发，从而实现司

---

[1]　参见左卫民："如何通过人工智能实现类案类判"，载《中国法律评论》2018 年第 2 期；王禄生："司法大数据与人工智能开发的技术障碍"，载《中国法律评论》2018 年第 2 期。

法需求的技术落地。另一方面,技术应用(而非技术本身)作为主客体相互作用的范畴,也会对技术应用主体提出基于技术自身性质和功能的具体要求。特别是,司法人工智能的核心在于司法大数据的数量和质量,而司法大数据的形成又与司法公开的广度、深度、力度紧密相关。又如,司法人工智能工具或产品的使用,要求法官有必要的技术思维和具体的技术知识,特别是系统思维和法统计学方面的知识。

综上,人工智能技术是与其所应用的场景有机地结合在一起的,故其成熟发展和有效应用既有技术自身层面的因素,还取决于应用场景层面的相关支撑。此外,从市场驱动角度而言,用户需求的激发、使用的熟练程度和满意度的提高,也将进一步促进司法人工智能的改进和发展。故只有在司法需求的技术导入和技术需求的司法导入相互协调、有效支持的情况下,司法人工智能的基线才能得到切实地提高。

第二节　司法需求的技术导入不足

司法需求的有效导入,既取决于对司法需求的准确理解和把握,也取决于司法需求和技术实现之间的顺畅衔接。从现实来看,尚存在对司法需求的理解不足、对司法需求的传导不畅这两大问题。

一、对司法需求的理解不足

尽管顶层设计在力推司法人工智能,技术公司也在不遗余力地开发相关产品,但法院和法官层面似乎对此并不热衷,从而呈现出"外热内冷"的现象。根据笔者对高、中、基层法官和法官助理的访谈，大概有以下几种倾向：一是司法不能靠人工智能，还得根据法官的经验，没必要引进司法人工智能；二是欢迎司法人工智能，但其作用有限，可以尝试用来探索案例和参考资料、语音自动识别记录，更复杂的要素审判或量刑辅助系统恐值得怀疑；三是产品的用户体验感太差，影响使用，例如，类案推送的案例信息过于繁冗，还是要靠自己进一步过滤，费时费劲，还不如请教经验丰富的法官更有效。而针对司法管理者的访谈表明，他们更关注司法人工智能能否更公平地分案，更好地计算案件的绩效分值，更准确地预测审判态势的发展等。

可见，在实际应用层面，法官对于司法人工智能尚持不同的态度，而他们的认识也大体处于感性阶段，并没有深刻地认识到技术发展的历史趋势和司法人工智能"善假于物"的多重意义，也并未深刻理解自身的需求（认为作用有限）或者因为使用的繁琐而抵消了自身的需求（用户体验差），从而也就无法深入了解这些需求并将其上升到理性层面，特别是无法发现潜在的且意义更大的司法需求。具体而言，这些需求至少应当从以下几个方面进行具体梳理：一是有效需求与无效需求的梳理。有效需求是指司法人工智能有可能实现的，如为类案类判提供更多有效案例参考或更多角度的司法观点，而无效需求是指司法人工智能不可能实现的，如自动生成准确无误且无须监督、改正的裁判结果。二是现实需求与潜在需求的梳理。现实需求如庭审笔录的准确概括、精炼表达、司法文书样式的自动准确生成、裁判文书上网的简单便捷，潜在需求如如何发挥源头治理作用、如何解决案海战术困境和如何构建公正精确完善的绩效考评体系等。三是一般需求和场景需求的梳理。一般需求指在主要司法场景中都需要的基础需求,如自然语言抓取或语音自动识别的准确率,场景需求则指基于司法管理、审判业务、社会服务等司法活动条块以及条块内部细分场景的应用差异而产生的特定需求。

这里尤其值得专门强调的是,作为潜在需求、一般需求的大数据思维,对司法审判而言具有十分重要的意义。在审判独立和司法责任制不断被深化的司法改革背景下,法官规范办案的要求被进一步强化,并逐渐向精细化的方向发展,以往这主要借助于更细化的司法解释、各省市自治区高院出台的规范性文件、本院内部的会议纪要、调研报告等,以及新老法官之间的传帮带教,但这毕竟也只是有限的经验主义。诚如有学者所指出的:"经验,往往只是数据的残缺形式。法学,不是一门难以精确的科学。"[1]如果说法律实证研究将产生一种新的范式革命——基于数据的法统计学研究的话[2],法官也可以借助大数据思维和司法人工智能,获得比以往更丰富更全面的经验,推动司法裁判在经验判断和理性认知层面实现更高维度的升华。但从目前的实际情况来看,司法工作人员在总体上仍局限于"小数据"的环境和认知方式,对大数据暨法律技术主义的思维方式和实现路径还较为陌生,特别是对大数据相关性思维和以法统计学为基础的新型法律实证主义缺乏应有的敏感

---

〔1〕 参见左卫民:"一场新的范式革命?——解读中国法律实证研究",载《清华法学》2017年第3期。

〔2〕 左卫民主张,基于数据的实证研究将会是一场新的范式革命。法律实证研究,本质上是一种以数据分析为中心的经验性法学研究,它以法律实践的经验现象作为关注点,通过搜集、整理、分析和运用数据,特别是尝试应用统计学的方法进行相关研究的范式。参见左卫民:"一场新的范式革命?——解读中国法律实证研究",载《清华法学》2017年第3期。

性。学界对此虽有一定涉猎，但和实务部门的对接和成果转化明显不足。[1] 而要摆脱环境条件对自身认知的限制又是相对困难的，故如何长期有效地刺激此类需求，并尽量又好又快地满足它，就成为当下应当重点解决的问题。

二、对司法需求的传导不畅

从开发应用角度看，一线法官和其他司法工作人员系最终和最真实的用户端，因而其是司法人工智能"产品经理"的最佳人选，由其和技术人员进行对接、传导司法需求是最为理想的。然而，现实的困难在于，多数一线法官和其他司法人员在"人案失衡"的繁重工作任务和"执法办案是第一要务"的基本职责下，无暇顾及对司法需求的深入思考和系统的提炼，更不用说和技术人员的具体对接及有效传导了。事实上，上文提到的需求理解不够、停留在感性认识层面的问题，也和这一因素密切相关。因而，现实的办法就是由法院管理者及其相应的职能部门（如法院办公室信息技术部门）负责司法需求的有效传导。

从法院管理者视角来看，或许因其并不如一线法官一样"埋头办案"而无暇顾及其他，更容易理解和认识到司法人工智能在"善假于物"方面的多重意义，且推动司法人工智能也是其贯彻顶层设计的要求，故对其而言，并不存在意识不到的问题。但现实的困难在于，法院管理者的需求导入毕竟并不能充分代表一线司法工作人员的具体意见，让其对接技术人员开

---

〔1〕　参见白建军："大数据对法学研究的些许影响"，载《中外法学》2015年第1期；左卫民："一场新的范式革命？——解读中国法律实证研究"，载《清华法学》2017年第3期。

发司法人工智能产品,难免存在需求导入的不足或遗漏。且不论法官和其他司法工作人员基于司法角色的不同而产生的需求差异,或者不同庭室乃至不同案由专业法官基于业务不同而产生的需求差异,单就具体审判流程的复杂度而言,仅凭法院管理者及其相应职能部门的力量,也不可能面面俱到、样样精通,更不用说具体精微的个性化需求了。此外,如不立足于单个法院,而是从法院垂直系统看,问题将变得更为复杂。如基层法院侧重于纠纷的实际解决,而中级法院侧重于对二审审级监督,高级人民法院或最高人民法院则还有对司法政策、司法解释或对区域范围内裁判尺度统一的考量,且不同法院之间的具体需求也不可避免地存在着区域化的差异,如何让司法人工智能的研发应用同时满足系统集成和地方特色的要求,就成为当前的重大课题。

从技术开发企业来看,他们同样面临司法需求导入不畅的问题。根据笔者对几家开发企业的常驻调研,多数企业的司法人工智能研发中心均设有产品经理岗位,但其工作内容更多的是对法官和其他司法工作人员的"需求模拟",尽管这种模拟并非凭空而来,而是以法院调研、研讨会信息反馈、外部法律专家参与等机制和方式为基础的,但这种传导同样是间接的,而且并不一定符合司法逻辑和事实需要。一个重要的原因是,司法是经验性和专业性的,以法律规范及其依法恰当适用为中心,非经切身体验和实践无法真正理解其奥妙和真义所在,而部分专家学者因其职业的学术性或批判性,可能会将不符合司法逻辑和事实需要的偏好带入研发当中,或遗漏重要的司法需求。如有专家认为,不应将案件预后的涉诉信访因素纳入司法人工智能的考量范畴,理由是依法裁判并不需要考虑这一因素；而一线法官普遍认为，涉诉信访因素涉及法院司法为民的工作要求、个人办案精力甚至自身、家属的人身安全，应是司法人工智能考虑的重点之一，最好还应推送相关经验流程，并构建法院各职能部门的沟通对接系统。另一值得注意的现象是，有不少辞职的法官、检察官等开始加入技术开发企业，担任产品经理或相应的主管，这对司法需求的传导而言是十分有益的。

可见，针对司法需求传导不畅的问题，无论从法院管理者角度还是从技术开发企业角度看，目前尚缺乏总体有效的体制机制建设，需要在今后的工作中予以改进和完善。

第三节　技术应用的司法支撑不足

对司法人工智能而言，人们更容易关注司法如何规训技术，而忽视了另外一个同样重要的问题，即司法人工智能技术也会对司法提出相应的要求。从现实来看，影响司法大数据真正形成、算法有效改进的司法体制机制问题还有待于进一步解决。[1]

一、大数据层面司法支撑之不足

司法人工智能的开发在很大程度上取决于司法大数据数量和质量的情况，而司法大数据的真正形成又与法院信息化程度、司法公开的广度、力度紧密相关，更具体的层面则还涉及司法大数据的结构化等问题。

---

〔1〕 需要说明的是，算力的改进主要是技术层面的事情，和司法属性并无直接关联，故本书在此不做讨论。

（一）法院信息化发展的不平衡不充分

司法大数据是以法院信息化的发展为前提的，在前期信息化1.0版（电子化）和2.0版（网格化）的进程中，法院信息化建设取得了长足进展和成效，各类司法信息依托各层级法院门户网站、庭审直播平台、审判流程公开平台、裁判文书网、执行信息公开平台形成了海量汇聚，但仍然存在以下两个层面的问题：一是发展的不充分。如全国各级人民法院的生效裁判文书陆续通过中国裁判文书网向社会公布并实时更新，广受社会好评，最高人民法院也通过专门文件明确了不上网公开裁判文书的种类范围，强化了不上网审批管理，但是，裁判文书公开仍然存在公开不全面、选择性公开等问题。根据中国社会科学院法学研究所对各地法院是否公开不上网裁判文书数量、案号和理由的第三方评估分析显示，全国法院中尚有2136家法院没有公示不上网裁判文书数量，占62.00%；1808家法院未公开不上网裁判文书的案号，占52.48%；1819家法院未公开不上网裁判文书的理由，占52.80%。[1]此外，司法过程的复杂性也决定了大量非电子化信息的存在，如大量手写的案件记录、副卷、实物证据、辩论信息难以电子化等。二是发展的不平衡。受经济条件、硬件设施和思想观念等各种因素的影响，各地法院信息化进程并不同步，特别是中西部法院信息化发展仍然较为滞后。仍以司法裁判文书的公开为例，一些研究指出："有些省份如浙江、陕西、安徽公开文书量可以达到60%

---

〔1〕 参见李林、田禾主编：《中国法院信息化发展报告 No.2（2018）》，社会科学文献出版社2018年版，第50页。

甚至70%以上，而有些省份如黑龙江、西藏要低于20%。"[1]随着裁判文书公开力度的进一步加强，这一现象得到了改观，但发展不平衡的问题依然存在。

（二）司法公开广度力度的不够

如前所述，真正的大数据是真实的、全样本、多维度的大数据（big data），而不仅仅是体量上的大数据。虽然目前司法大数据的体量较为可观，但仍存在数据失真、维度单一、不够完备和结构化不足等问题，而条块式的管理体制机制也造就了"数据鸿沟"，致使司法大数据并不能体现为真正的"大数据"。

从来源看，司法大数据包括上网的裁判文书、司法运行产生的数据和司法人、财、物管理产生的数据。然而，许多法院内部的数据特别是法院管理方面的数据并不公开，这至少限制了这一维度的分析——法院管理是如何影响司法公正或司法效率的。且更大维度（从而也就更有价值）的数据发掘不应局限于法院系统，特别是在充分拓展司法的社会治理功能时，数据维度就要拓展到相关政府机构、社会组织等，但目前的数据管理呈现出条块化、部门化的特点，从而使得"数据鸿沟"难以较快地弥合。

此外，就最具直接价值也最受赞誉的裁判文书公开而言，其质效层面还有进一步提升的空间，这不仅仅是上文提到的应公开而不公开层面的问题，更关键的问题是，裁判文书公开维度、公开力度的缺失。在真实性方面，做到经信息化处理后的

---

〔1〕 马超、于晓虹、何海波："大数据分析：中国司法裁判文书上网公开报告"，载《中国法律评论》2016年第4期。

裁判文书和原裁判文书一致并不难，而真实性的相互对标并不限于此，更重要的是，裁判者的真实意思与裁判文书的表达是否一致。那些说理空泛粗暴、表达模糊不清的裁判文书实际上已从本体意义上"数据失真"了。在全样本方面，一些重要和关键的信息"隐藏"在庭审笔录、合议笔录中，并未系统化、结构化地呈现出来，而这些庭审笔录、合议笔录在目前又不能公开或不应公开，从而削弱了形成大数据的全样本基础。在多维度方面，裁判文书的地域性、短期性问题还比较突出（上海模式、贵州模式等是区域性的），缺乏全国范围内的、长历史跨度的裁判文书，从而限制了裁判规则一般性和发展逻辑的有效提炼和输出。

（三）司法数据库标准化建设不足

从司法数据库建设本身来看，需要统一的标准方可减少重复建设的成本，更利于数据的互联互通和后续的智能化处理。但目前标准化建设不足的问题较为突出，各地智慧法院建设"各自为政"，这既增加了学习成本，也导致了沟通衔接不畅等问题。如当事人网上立案在不同地方往往要使用不同的软件应用在使用方面的学习和操作、立案材料也不尽统一。诚如有学者所指出的："假如存在复数的法律知识数据库，如何使它们互相联系兼容并对它们进行排除矛盾和冲突的整合以及有效的一贯化控制，也是颇为棘手的重要课题，需要消耗大量的时间和精力才有望获得进展。"[1]

此外，还应认识到，法律数据库的建设是迭代发展的。这是由于随着社会的加速发展，法律规则的变动性也异常迅速，

---

[1] 季卫东："人工智能时代的司法权之变"，载《东方法学》2018年第1期，第130页。

由此就提出了数据库及时更新的问题。从技术上看，仅仅实现法律规则的更新并不困难，问题在于对于法律规则具体理解和适用的差异，这集中体现在司法案例中。也就是说，案例库本身的有效性是要时时经受拷问的。有时候，为了应对不同的具体形势，阶段性、区域性的司法政策往往影响着司法裁判的尺度（如司法裁判对于国家限购政策的贯彻落实），更是增加了案例库建设的复杂度和难度。而且，这种细微的变化在整个网络体系中会被放大，从而形成更大的偏差。诚如学者所言："何况法律在不断修改，知识数据库的更新以及解释规则的调整也需要不断进行，在网络结构中只要某一事项的重新定义出现过失，就有可能成倍放大误差、引起自动化处理的结果异常——这也将导致建构和维持电子计算机法律专家系统的成本居高不下。"[1]

二、数据结构化和算法层面司法支撑之不足

从更进一步的技术应用看，司法大数据还要经由结构化的处理，并将法律语言转化为技术语言，才能训练出更有效的算法模型，而这方面存在的障碍也不少。

（一）数据结构化的困难和风险

从机器识别和应用角度看，大数据可以划分为结构化数据、半结构化数据和非结构化数据。结构化数据很规整，可以放在数据库里很轻松地进行精确的识别、匹配和查询，是训练算法模型的基础。而非结构化数据一般要经由自然语言处理

---

[1] 季卫东："人工智能时代的司法权之变"，载《东方法学》2018年第1期，第130页。

NLP（Natural Language Processing）等技术[1]方能结构化，但在司法大数据中，一般认为，裁判文书属于半结构化数据，而诸多的审判流程、审判管理方面的信息则属于非结构化数据，而且其增速迅猛，比重越来越大。这意味着，以法院信息化、司法公开、数据库建设为基础的司法（原始）大数据，仍要按照一定的技术标准经由系统化和结构化的改造后，才能作为司法人工智能的高质量"原料"。这在技术上集中体现为法律语言表达的精确性，以及其转化为技术语言的可行性和困难。一方面，同一法律术语可能在自然语言层面有多种表述，当事人或法官的陈述方式或习惯也不尽相同，如据统计，有关交通事故责任纠纷中后续治疗费的说法就有十多种，包括"二次治疗费""后续治疗费""后期医疗费""取出内固定物费用"。而机器并无法像人一样智能地思考并建立起概念和话语之间的映射（这显然属于有机智能而非机器智能范畴），从而需要专门的法律从业者为其"打标签"，使机器能够"明白"。结合《刑法》近470个罪名、民事案件467个二级案由，相应的法律概念的表达就可以预想，这种"打标签"的工作量将是何等的巨大。另一方面，有些法律术语因涉及价值判断，与其说难以"标签化"，还不如说"标签化"是否可行。不妨以《消费者权益保护法》中的对消费者概念的界定和识别为例来阐释这一困难。按照该法第2条的规定，消费者的概念是有严格限定的，消费

---

[1] 自然语言处理 NLP（Natural Language Processing）技术是用机器处理人类语言的理论和技术，又可以称作自然语言理解或计算语言学。NLP 大致可分为基础研究和应用技术研究，基础研究包括词法分析、句法分析、语义分析和篇章理解等；应用技术研究包括文本挖掘、自动问答、信息检索、信息抽取、机器翻译等。

者系为生活消费需要购买、使用商品或者接受服务的自然人。而从自然语言来看，消费者购买商品或服务的目的基本上不在考虑之列，购买转售的中间商、购买使用的公司等都可能被理解为消费者。这就需要在技术上进行人工标注，然而这种标注的数量极其庞杂、成本也极其昂贵。但更大的困难还不止于此。法律概念的理解和界定不纯粹是技术性的，很多时候在其背后还涉及价值判断问题，如知假买假者是否是消费者？从机器的形式逻辑上看，知假买假并不能推导出是否以生活消费为目的，但职业打假人群体和其诉讼实践的普遍存在，又证明了知假买假的目的可能并不在于消费，而在于牟利。那么，确定某个具体主体是否是消费者，还需要明确职业打假人的定义和范围，以此作为否定的排除项。而关于职业打假人的界定则可能又要深挖其背后的历次诉讼行为，并和具体时期的司法政策紧密结合起来。法律的修改和司法政策的调整，在数据层面表现为数据刷新、数据模式和数据规律的高速变化，这也给结构化数据的形成和整理提出了重大挑战。以上"标签化"的困难还仅仅是点层面的困难，按照目前的技术演进，各种标签还要被整理为相应的"知识图谱"，即将法律概念分析成机器能够读懂的"知识结构"，并建立起知识与知识、概念与概念之间的联系，让机器"明白"。[1]而这种工作量的庞杂度、困难度和标签数据整理者的人才缺口，就更是难以想象的了，它要求标签数据整理者在理解技术原理的同时，准确而透彻地理解法律概念，并能使这种理解最接近法官；也要求法官在文书撰写中尽量规范精确，最好是最大可能地按照技术应用标准予以表

---

〔1〕　华宇元典法律人工智能研究院编著：《让法律人读懂人工智能》，法律出版社 2018 年版，第 114 页。

述，或者有专门的司法辅助人员负责法律语言和数据语言的"连接"。

需要指出的是，这种结构化的语言转化过程还包藏着上文提到的司法异化的风险。从法律语言转化为技术语言，必然预设着两种话语权的冲突，且法律固有的回应社会的要求存在被技术决定的风险。在技术主义看来，司法是用来定分止争的，所谓的"分"完全可以交给司法人工智能准确无误地计算出来。但是，大多数人对那些技术语言以及由技术语言所构成的编程链条一无所知。如要让司法人工智能回应社会，则先要从技术语言转化为法律语言，再从法律语言转化为大众所熟悉的自然语言。也就是说，运用司法人工智能的代价之一是，法律回应社会的环节被额外增多了、难度也更大了，而如果不回应，则又偏离了司法的本质。诚如有学者指出的："如果再深想一层，在这里还表现出对审判本质的理解方面的变化——有关机构正在试图用专业性共同语言（按照法律要件整理事实并进行严格论证）来取代日常性共同语言，尽量排除情绪化因子和暧昧含义对推理的影响。"[1]

（二）机器学习和算法监督的困难

机器学习，就是从已知的知识（特征）出发，利用概率统计等数学计算方法来得到某种数学规律（模型），并利用所得数学规律来完成计算任务。概括地说，就是利用事务本身具有的数据特征用数学的表达方式构建数学模型并完成既定的任务。从机器学习流程来看，需要从预先设定好的学习算法出发对训练集进行训练，从而得到需要的模型，而训练好的模型就

---

〔1〕 季卫东："人工智能时代的司法权之变"，载《东方法学》2018年第1期，第129页。

可以用来解决所需要解决的任务。因而，形象但不甚恰当地说："训练集是输入，算法是核心，模型是输出。"[1]而按照是否需要事先对数据进行标注，可将机器学习分为监督学习、无监督学习和半监督学习。监督学习需要为数据集进行真值标注，有时会显得费时费力；无监督学习则存在训练数据集质量不高的问题；半监督学习可用少量带有标记的样本训练出的初始模型来对无标注的数据进行预测，再将那些预测结果较好的样本作为新的标注过的训练数据来扩充之前的训练集，并用这个新的训练集对模型重新进行训练。相较而言，因司法大数据的半结构化特征，司法人工智能的开发比较适合运用半监督学习。然而，如上所述，基于司法场景的复杂性，这种标记工作的工作量、困难度和可行性，都颇费考量。

就机器学习算法的选择而言，除了分类算法，在机器学习大家族里还有回归、聚类、关联挖掘、决策树（也包括随机森林）、支持向量机、神经网络增强学习、贝叶斯模型等一系列的算法。因机器学习是用来处理特定问题的，其所面临的问题不是等可能性的，而是存在可能性很大的解。[2]因此，需要尽可能深入地了解问题的特征，并利用这些知识来帮助选择合适的学习算法。因而，技术人员在算法选择当中必须对司法场景、司法知识、司法需求等具体问题有确切的了解，而目前这种了解显然是不够的。

就算法的监督而言，按照法律和司法的要求，需要对算法

---

〔1〕　姚海鹏等：《大数据与人工智能导论》，人民邮电出版社 2017 年版，第 26 页。

〔2〕　姚海鹏等：《大数据与人工智能导论》，人民邮电出版社 2017 年版，第 29~30 页。

歧视、算法独裁等进行有效规制。而规制的前提是算法应当透明其具有可解释性，否则监督就无从下手，但算法的不透明性问题恰恰始终存在且不易克服。美国加州大学信息学院的乔娜·布雷尔（Jenna Burrell）在其论文《机器如何"思考"：理解机器学习算法中的不透明性》中论述了三种形式的不透明性："第一种是因商业秘密或者国家秘密而产生的不透明性；第二种是因技术了解程度不同而产生的不透明性；第三种是算法本身的复杂所带来的不透明性。"[1]第一种不透明性的解决，更多地可以依靠法律规定和实施机制的完善，如由公共部门或企业来开发司法人工智能或者以政府采购的形式购买司法人工智能等。第二种不透明性问题的解决，则要深入对技术本身的了解，这在理论上至少并非不可能。而第三种不透明性问题的解决，则不仅仅是规则和技术了解层面的，而是算法自身的不可知性，以对生物神经网络进行模拟建构人工神经网络而言，谁也不知道数量巨大、颗粒度均一的神经元和互联网之间究竟是如何具体运作的。另外，因司法公共性、公开性的基本要求，无论何种透明性问题，都应接受司法意义之审查。在此基础上，才能进一步评判司法人工智能所产生的效益、风险、可行性和可接受性。目前，学术界已经充分地意识到了这一问题，但在实践层面，对算法尚缺乏基于司法属性与要求的审查监督机制，应在今后的工作中进一步地予以建设和完善。

---

〔1〕 转引自高奇琦、张鹏："论人工智能对未来法律的多方位挑战"，载《华中科技大学学报（社会科学版）》2018年第1期，第86页。

应用篇

应用篇包括第五章至第七章。主要根据前面所论述的基本矛盾、理论极限和现实基线，明确了司法人工智能的总体方向，包括对司法人工智能基本态度的明确、应用场景的研判和司法与技术的合作等，并在总体方向的指引下，通过对司法应用场景的进一步梳理细分，并结合极限与基线这一分析框架，针对具体环节领域，提出具体的对策建议。

第五章
司法人工智能的总体方向

在对司法人工智能的理论极限和现实基线有了整体把握的基础上，也就不难确定发展司法人工智能的总体方向。在基本态度上，应重申工具主义，并在司法改革、司法审判、司法主体等各个层面强调司法的主导性。在应用场景上，要紧密结合司法人工智能的极限理论，充分研判司法人工智能的应用可能及其限度。在司法和技术的合作层面，要始终立足于现实基线，强化司法需求的技术导入和技术应用的司法支撑，并要有长远的规划和考量，努力强化司法人工智能交叉人才的培养教育。

第一节 基本态度的明确

工具的功用应当服从于主体的目的。人工智能应用于司法这一特定场景，自然也应当体现司法的主导性，要对司法价值和属性做出深刻地反思和认识，只有这样，才能克服司法人工智能应用中存在的"善假于物"与审判异化的内在矛盾。

一、对工具主义的重申

如前所述，人工智能系基于大数据、算法和算力的机器智能，而非有机智能。在可见的未来，担心人工智能"长出"意识、意志，从而具有主体性，是不必要的，甚至是杞人忧天。而且，从人类自由意志、伦理价值方面进行考量，发展出具有主体意识的人工智能也是不可接受的。如果说司法人工智能的发展是为了完全取代法官，那实际上就预设了这样一个前提，也即"司法人工智能"这一新物种要比法官更懂得情理法，更有良知和判断，而这毫无根据，而且，社会恐怕也无法接受司法的这种运行模式。从科技史来看，人们研究、改进工具无非是要"善假于物"，将大量成熟的、可复制的工作依托工具完成，从而可以腾出更多的时间和精力，去做更富有创造力的事情。我们之所以发展司法人工智能，一个重要的方面是，让其完成大量可替代性工作，让法官集中精力去感受良知，并以其专业知识做出合法合理的判断。

当然，也应注意到，司法人工智能还区别于传统意义上的工具，它能够拓展主体的认知维度或消除认知盲点，在一定意义上确实是"智能"的。故不能矮化其工具意义，而仅仅将其限定在大量的司法事务性工作中，否则，将堵塞上述提到的促进司法公正（如通过类案类判促进裁判尺度统一）、提升司法效率（如通过源头治理大规模减少或化解纠纷）、优化法院管理（通过成本—收益分析实现司法资源的有效配置）的另一方法路径，从而减损司法人工智能的工具效用。

二、对司法主导性的强调

之所以要强调司法主导性，正是基于对司法异化的担忧，包括：技术改革简单替代司法改革，以至于最终偏离司法改革的目标；压抑而不是更有效地发挥法官的主体能动性；扩大而不是缩小司法民主、司法平等，并削减相应的司法程序价值等。从而，要在司法改革层面、法官队伍层面和当事人社会公众层面进一步体现和充实司法的主导性。

在司法改革层面，尽管法院信息化与司法改革被等同于"车之两轮、鸟之双翼"，但我们应当充分认识到，法院信息化及其所蕴含的司法人工智能并非司法改革本身，而是实现司法改革、解放"司法生产力"的重要工具。使司法改革让位于信息化建设，通过司法人工智能压抑法官的主体能动性，绝不是"车之两轮、鸟之双翼"之本义。事实上，司法改革与法院信息化建设是相互促进、相互支撑的关系，决策层之所以将法院信息化上升到与司法改革同等重要的地位，是因为大数据、人工智能等现代信息技术为司法改革触及、完善深层的体制机制建设提供了有效的手段和巨大的空间。例如，司法活动全程留痕既保证了法官规范办案，也能够较好地抵制法院管理者对司法审判的不当干预。又如，建立在大数据和人工智能基础上的类案类判机制既能够有效地增强法官的业务能力，又能够在很大程度上促进裁判尺度的统一，还有可能在长期运行中发展出具有中国特色社会主义的判例法制度。故而在警惕技术改革代替司法改革的同时，要更多地发展司法人工智能来服务于司法改革并逐步内化于司法改革，并切切实实地取得改革实效。只有这样，质疑技术改革替代司法改革的声音才会消失。

在法官队伍层面，司法人工智能的应用应更有助于法官倡导善良公正、运用司法智慧、发挥专业优势，而不是束缚其手脚，甚至于走向这样的一个极端——人的机器化和机器的人化。应当充分认识到，无论是对社会经济、社会条件、社会发展趋势的感知和体认，还是具体诉讼活动中控、辩、裁各方博弈的推进，抑或是证据的认证、事实的判断和法条的激活，都有赖于法官的良心和意识活动，而这恰恰是司法人工智能无法替代之处。换言之，试图将社会生活、诉讼活动、司法认定和判断程式化、剪切化的司法人工智能一概适用到所有司法场景中是十分不明智的，它最终将司法异化为一种"司法编程"，而法官也将没有存在的价值。相反，司法人工智能不仅应为法官提供犹如"Word"办公软件般的便利，更要为其消除认知的盲点、拓宽认知的维度，替代法官大量简单重复的事务性工作，并在简单成型案件中帮助其认识到盲点和误区，在疑难复杂案件中为其提供有益经验。须知，推动社会发展的是使用工具的人，而不是工具本身，这也同样适用于司法事业。在这个意义上，实践中通过司法人工智能对量刑进行规范化或通过要素审判推送裁判结果，仍应在法官的审视、校正和监督之下，法官如有充分理由甚至完全可以弃之不用。在司法人工智能技术尚不成熟的阶段或在开创性司法裁判的场景中，不适当地强化司法人工智能对法官的约束，必将损及法官的主体能动性和更高层次的善良公正。这是我们应当着力避免的。

在当事人和社会公众层面，司法人工智能的应用应更好地促进而不是减损司法民主、司法平等价值的实现。一方面，将人工智能技术嵌入司法制度及其运行中，应避免不必要的技术门槛或独断地用技术替代最终的司法裁判。当事人和社会公众有权以简单易懂和准确地方式知悉司法人工智能的基本原理、司法大数据的取样和算法的择取等基本情况。对可能存在的算法黑箱、算法歧视等问题，有权按照一定的民主机制予以充分审查，以决定司法人工智能的去留存废或提出更好的改进意见等。在涉及自身权益的案件中，有权要求法官解释其是如何认定司法人工智能的输出结果的。另一方面，应固守司法程序的基本价值，尽可能地消除司法人工智能所产生的极化效应或避免司法人工智能对司法程序的不适当编程。成熟的司法人工智能技术应普惠于当事人或社会公众，并要在诉讼双方中形成实质意义上的"平等武装"和"直接对抗"，以保证庭审的有效性、公正性。对于一方运用司法人工智能进行诉讼（如推送了大量的对其自身有利的相关案件、材料和观点等），另一方对此并不熟悉或无准备的情况下，法官应当有意识地审查司法人工智能的相关推送，并多听取另一方的不同意见，从而避免这样一种可能——被当事人带入其所引导的前见性选择。司法人工智能对司法程序的必要改造不得突破司法程序的基本价值底线，如对于异步审理应严格限定在简单明确的案件中，且需征得各方当事人的同意。

第二节 应用场景的研判

人工智能技术需要和具体的任务、应用场景进行结合，它与司法的结合，并不是一个通用或者成熟技术的直接应用，而是仍然需要面临和克服各个场景特殊的问题和挑战。[1]目前，司法场景大体划分为司法审判、法院管理和服务当事人和社会公众三大板块，但对司法场景的具体梳理和与之相关的人工智能介入可能、介入方式的研究，还十分欠缺。而上文论及的人工智能的不能及其司法不适、人工智能的司法型塑及其限度，则为司法应用场景与人工智能技术的结合，提供了必要的研判和指引。

---

〔1〕 华宇元典法律人工智能研究院编著：《让法律人读懂人工智能》，法律出版社 2018 年版，第 8 页。

一、服务当事人和社会公众方面

在服务公众方面，司法人工智能可能应用的场景包括信息查询、公开、制式诉讼文书样式的生成和法条推送、导诉服务或类案推送暨诉讼风险提示、当事人和社会评价信息的汇总分析等。从所涉及的权益看，它们多处于司法的外围，并不直接涉及当事人权益的确定，而是更多地起着告知、提示、宣传或引导功能。从技术应用角度看，它们在整体上也不存在人工智能的不能及其司法不适的问题。具体来说，这些场景仅仅体现已经发生的司法过程的某些片段，有关信息也相对确定、密闭，恰恰是人工智能所擅长的领域——对既有的且确定密闭的信息（经验）的理性计算（总结）。从司法型塑及其限度来看，此类具体场景因处于司法的外围，并不直接涉及司法实体审判或相关的诉讼程序，故在总体上并不会对司法产生不合理的或不可接受的型塑。相反，作为与当事人或社会公众沟通的重要组成部分，这些场景的运用能更好地汇聚当事人和社会公众对法院各项工作和具体案件审理的评价信息，并形成关于当事人和社会公众满意度、法院工作不足及改进的分析报告。而这些分析报告又可以反过来用于法院管理特别是法官绩效考评和案件本身社会效果的评价，在理想状态下，这种运用应当是更有数据基础的，从而也是更精细更完善的。需要注意的是，该类场景的运用可能存在风险外溢问题，要防止这些信息被利用而产生意识形态层面的煽动或对具体诉讼的胁迫等。

故该场景中的司法人工智能大有可为，且应重点予以开发应用。目前，实践中应用比较成熟的司法人工智能当属各地法院投入应用的导诉机器人，但在应用场景的范围和力度上还比较局限。在今后的工作中，应进一步将司法人工智能的应用扩展到类案推送暨诉讼风险提示、当事人和社会评价信息的汇总分析等方面，适当注意外溢风险，并与法院管理、司法审判这两大场景进行系统融合，从而实现人民法院整体工作的升华。

二、法院管理方面

在法院管理方面，也有大量涉及理性计算层面的内容，如法院、审判庭、合议庭、法官等层面的收结案数（率）、案由种类、调解撤诉数（率）、平均结案周期、改判发回数（率）等，这基本上靠传统的信息化建设就足以解决了。而司法人工智能并不应当被矮化为"计算器"，其使命在于发现隐蔽的关联信息，为法院管理者提供更高维度的认知。这种可能的场景包括：法官绩效考评体系的科学化、精细化，切实改变以往粗暴地"以结案数论英雄"的考评现状；各类案由案件的成本—收益分析，为法院管理者提供司法资源有效配置的最优方案；研判各类案件的苗头走势（如金融危机后借贷纠纷案件的激增），从而便于法院管理者提前做好应对方案；通过司法案件发现源头治理中存在的问题，为司法审判参与社会治理、推动多元化纠纷解决机制的完善，提供更好的依据和办法等。从所涉权益看，这些场景也仅仅在抽象意义上涉及不特定当事人及社会公众的权益，并未具象到特定的当事人。从技术应用角度看，它实际上也是对既有的、确定的、可计算的数据的汇聚、提炼和升华，契合于人工智能的技术属性。从司法型塑看，大数据和司法人工智能更多的是为法院管理提供了"自上而下"的认知，特别有意义的是，它将司法的功能从定分止争拓展到社会治理，有力地支撑了源头化解、多元化解，促进了司法社会本性的回归。

基于上述考量，在法院管理方面，司法人工智能的开发应从计算器层面的工具上升到社会治理层面的重要利器。当然，这种对司法人工智能的开发应用也有弊端或风险，因为，技术本身是否成熟——司法大数据是否充分、算法是否适当、算力是否足够，将直接影响成果输出的有效性，这也是所有场景都会面临的共性问题。此外，法院的管理思维也要跟得上技术的进步，如"沉醉"于"唯数字论"，忘却了数字的片面性或忽视了其背后的鲜活内容，管理就不会激发法官的善意和主体能动性，反而会借助司法人工智能这一"紧箍咒"将法官束缚得更紧。如只问法官要结案数的政绩驱动和庭审实时监控、具体环节的过度把控等，都将损害法官主体的高度自觉和能动作为。在开发应用司法人工智能前，这是首先应当考虑和警惕的。

三、司法审判方面

在司法审判方面，问题要复杂得多，因为司法审判既有可计算的内容和特质，更有彰显主体性且不可计算的价值判断；既有以往经验的总结提炼，也有超越历史的能动创新。这决定了，这一场景的司法人工智能的开发应用应当是选择性的，且应施以必要的监督。

从诉讼流程来看，从起诉、立案、送达，到庭审、合议、宣判等，确有大量外围的、辅助性的事务性工作要做，包括诉讼材料的送交签收和审查、诉讼费用的收取、法庭预定安排、各种笔录的记载签字等，这部分工作因其确定性、程式化的要求，在总体上同样可以交给司法人工智能来处理，但也应注意，对司法人工智能应施以必要的监督。这不仅因为该类工作涉及当事人的程序权益，并有可能进一步影响其实体权益，如诉讼材料收取不全而法官据此裁判的情况下，当事人实体权益显然要受到影响；还由于"冷冰冰"的机器或程序化替代必要的人与人之间的司法交流，司法程序的自身价值也将因此而贬损，如当事人交了一堆立案材料，司法人工智能直接输出可否立案的结论及相关的简单理由，而无司法工作人员的充分释明、有效指导，当事人难免会对司法人工智能甚至对司法产生怀疑。故程序场景的司法人工智能应用，应特别注意和避免其可能对程序价值的减损，并设计出更有效的替代机制（如异步审理须经各方当事人同意方能适用、法官有义务对应用司法人工智能的质疑作出充分的回应等），从而将这种减损降低到最低程度。

从实体审判来看，司法人工智能的应用进一步复杂化了。一方面，在一定意义上确实存在着简单成型的标准化案件。在这种情况下，司法被类比为"正义产品"的制造，诉辩各方诉讼材料的输入大体上应有确定的、可预期的裁判结果的输出，故要求法官做到目标化、标准化、流程化还是相对可行和较为容易的，司法人工智能也可以在一定程度上胜任该项任务。事实上，目前业界正在开发的"要素式审判"司法人工智能贯彻的就是这一思路。但同样需要注意的是，此类要素式审判是以法律形式主义的预设为前提的，并不能解决价值判断及对法律元规则的选择、适用等问题，故一旦超出此范围，司法人工智能所得出的结论有可能和社会实际生活大相径庭。因而，即使在所谓"简单成型"的标准化案件中，法官也不能放松对司法人工智能产品的最后监督。另一方面，在司法实践中还存在不少引领社会价值观、促进规则精细化的"创造性案件"。既是所谓的"创造性案件",则必然不同于以往诸案,此时裁判的作出固然有既有经验的传承,但更多地要依赖法官对社会经济条件和发展趋势的感知、体认和积极地作为。在此特定场景下,裁判是超越既定历史范畴的,故而面向过往的司法人工智能并不能给人们满意的具体答案。然而,这并不意味着,司法人工智能在此类案件场景中毫无用武之地。事实上,司法人工智能最大的用处在于为法官提供更多、更丰富的维度,以供其审视裁判的合法性及其内在的适当性,不能提供令人满意的具体答案并不意味着不能提供有效的帮助。相反,司法人工智能至少可以探寻国内外法官处理类似案件的经验做法、考量因素和基于众多历史类案研究而发现的历史逻辑、规则演化,这恰恰是法官能动创新的重要基础。因为,从一定意义上说,创新无非是旧有东西的新组合而已。故概括地说,在简单成型的标准化案件中,开发司法人工智能可以重点考虑裁判的具体答案,而在那些"创造性"案件中,则不妨重点关注认知维度而非具体答案的提供。而无论在何种案件中,法官对司法人工智能的监督都必不可少,这除了上面提到的司法人工智能不可能超越理性计算范畴、不可能超越既定历史而能动创新之外,还有对司法人工智能不能脱离自身条件而发展的考量。这是因为,由于各种原因,现实中的司法大数据并非是"无死角"的全样本,用以驱动司法大数据的算法也有可能存在算法独裁或算法歧视问题,其并非总是恰当的。

第三节　司法与技术的合作

司法人工智能属于新兴的交叉学科，其发展需要司法人员与技术人员的合作。从目前的实践来看，法律、技术层面的专业壁垒限制了两者的融合，概言之，即司法人员缺乏对基本技术原理的理解，技术人员对司法需求又缺乏应有的敏感度。在今后的工作中，应注重以下几个方面。

一、强化司法需求的技术导入

强化司法需求的技术导入就是强调司法的主导性，且这一强化亦符合司法人工智能开发的市场逻辑，也即从需求到产品设计，再到研发、测试、评估和反馈等。总体来说，强化司法需求的技术导入要把握好以下几个方面。

（一）深入反省司法的价值属性，摒弃不切实际的无效需求

应始终牢记，我们所从事的是一项富有革命意义的司法事业，是将技术运用于司法，而不是炫技，且法律暨司法本身最终是要体现人文关怀的。故不应对司法人工智能提出超出其工具属性之外的无效需求。例如，幻想开发和应用所谓的"机器人法官"，指望其实现自动售货机式的严格确定的公正。又如，期待司法人工智能产品能更好地做好诉前调解、判后答疑或涉诉信访等工作。从现实情况来看，这样的无效需求或无效问题还有不少，需要在学术和实践中予以清理。特别是一些学术研究，对人工智能（包括司法人工智能）还存在误解，对其从仿生学意义的"功能模拟"而不是工程学意义上的"机器智能"角度予以理解，从而将这一问题引向到虚无缥缈的科幻层面，

提出了若干颇有疑问的机器人人格、机器人财产权、责任等问题,而独独忘却了司法的特定场景和任务。

(二) 系统梳理具体的应用场景,找准切中司法实践中的有效需求

落实到应用层面的需求应当是具体的、确定的,而不应当是抽象的、模糊的,这就必然要和司法场景联系起来。法学研究者和司法工作人员应共同思考,司法的具体场景有哪些? 在这些具体场景中又有何种具体的司法需求? 这些司法需求是否适宜通过人工智能予以满足? 如果适宜的话,司法人工智能介入的限度又在哪里? 而只有回答了上述四个问题的司法需求,才是真正有效的司法需求。从目前的实际情况来看,法学研究者和司法工作人员在总体上对人工智能技术能力和实现逻辑尚缺乏深入的探究,从而对人工智能究竟能够为他们做些什么也不甚清晰。相反,技术开发公司却已经将司法场景纳入司法人工智能开发的视野当中了,但问题在于它对司法需求的理解更多的是模拟或想象,或者有可能基于营利或其他目的全覆盖地"制造"或扩张出来一些并不完全吻合甚至虚假的司法需求(如裁判结果的自动生成就很可能是一种妄念)。也就是说,司法需求取决于人工智能与司法场景的适配性,而要解决这种适配性,法学研究者和司法工作人员的切身参与是至关重要的。前文中,我们根据司法人工智能的理论极限对服务当事人和社会公众、法院管理、司法审判三大板块中可能的应用场景进行了概括性地梳理,并特意强调了基于认知维度的司法需求(如源头化解、多元化解),因为这正是司法人工智能区别于传统工具的关键所在,而不是停留在导诉机器人、语音自动识别记录等计算器的工具层面。当然,如何让这些有效需求通过技术

手段予以落地实现，还有待于今后长期的摸索和实践。

（三）加大相关的组织机制建设，充分释放和顺畅传导司
　　　法需求

法院管理者应充分意识到法官等司法工作人员的人力资源优势——他们是最佳的司法人工智能"产品经理"，通过类似的信息中心机构设置或内部信息工作会议的定期召开，最大限度地鼓励一线司法工作人员提出具体多样的现实司法需求、设想潜在的司法需求，并对其进行汇总、分析和提炼。在有条件的情况下，可按照最高人民法院和上级人民法院的部署，结合本院实际情况，制定切实可行的司法人工智能发展规划和具体方案，以此为抓手来稳步地推进符合本院的司法人工智能的开发应用。在司法需求的技术传导层面，既要多运用政府采购的方式来促进技术开发企业之间的竞争，从产品效果上保障需求的有效传导，必要时（如涉及国家利益或涉密的司法需求）也可委托"国家队"（如中国司法大数据研究院）予以开发；如要注重过程管理、追踪问效，则需设置专人持续性地介入司法人工智能的开发、测评和应用当中，定期地提供司法需求方面的指导、监督和审查等。

二、强化技术应用的司法支撑

之所以强化技术应用的司法支撑，是因为技术应用本身也对司法提出了相应的要求。而这种要求是否得到很好的贯彻，将直接影响司法人工智能开发应用的实效。具体而言，除了树立司法技术思维外，相关配套制度机制的建设应当有助于司法大数据的真正形成、算法的正当选择和技术失控的防范。

（一）司法技术主义思维的树立

不同于片面的技术主义导向，这里讲的司法技术思维是

指,在准确把握司法人工智能工具属性和理论极限的前提下,更好地理解和运用它,从而拓宽司法视野、提供司法认知的维度和有效性,达到"善假于物"的效果。

一方面,它要求法官等司法工作人员对司法人工智能的技术能力和实现逻辑有基本的了解,从而可以在不同司法场景中进行有效切换和灵活运用,努力善用司法人工智能,提升司法效能,并摆脱"经验主义"的局限。应当说,法律领域的任务有很大一部分非常符合确定性问题、完全信息、有限任务的要求,而且数据质量高,任务逻辑清晰严谨,契合人工智能具体应用的落地。具体地说,这种司法技术思维还要结合不同的场景而区别适用,对于符合确定性问题、完全信息、有限任务要求的场景,且数据质量高,任务逻辑清晰严谨的情况下,就可以更大幅度地运用司法人工智能,如应用于法庭记录的语音自动识别记录技术。而对于开放性的、非完全信息的场景,如裁判环节,就可能不仅仅涉及法律文本或法律规则、案例,还要考虑到具体情境和其中关联的政治、经济、社会因素等,司法人工智能技术就应慎用或参考性、监督性地使用。另一方面,它也促使法官等司法工作人员认识到,他们自身也是司法大数据的"生产者",司法人工智能的需求者、开发者和最终的用户。如法官在撰写裁判文书时,要认识到他不仅仅是对个案作出裁判,也是在生产和制造数据,为后续的司法共同体汇聚大数据和人工智能分析的"原材料",由此来倒逼裁判文书撰写中说理的充分有效性、优化写作表述的结构和增加语言的可识别性,从而为人工智能提供优质的"数据原料"。只有树立了这样的司法技术思维,司法人工智能的发展才会更有意义,方向也会更清晰,支撑才会更有力。

(二) 大数据层面的司法支撑

从司法大数据的真正形成来看，目前的司法公开主要是体量上的大 (large)，尚不满足维度上的丰富性，离真正的司法大数据 (big data) 还有一定的距离。故而在今后的工作中，应注重加强司法公开的广度、深度和管理力度。从公开的广度上看，除了裁判文书、审判流程信息、执行信息的公开外，一些反映和影响司法裁判过程中的重要信息如合议笔录等，也可以以特定合理的方式呈现出来。[1]这方面，一些外国法院的经验做法可资借鉴，大致有三种方式：其一，在裁判文书中载明，但表述为多数意见认为或少数意见认为，而不是某某法官认为，以减轻法官评议和发表意见的顾虑。其二，许可查阅评议笔录，而不在判决中阐明多数意见及少数意见。其三，许可查询专门制作的合议庭意见书，意见书中也表述为多数意见或少数意见认为，而不是特定的某法官认为，且查询主体仅限于当事人和诉讼参与人，属于适度公开。[2]故部分关于案件裁判理由的合议信息并非天然不得公开，它更多的是基于对法官履职保护的考量，以避免其迫于舆论的压力或当事人的事后报复而无法独立发表观点。这种情况完全可以通过匿名化处理的方式予以解决，如在合议笔录中将其表述为"一种意见认为……"

---

〔1〕 蒋惠岭研究员系统地梳理了司法大数据的六大载体，也即司法基本数据、审判流程数据、裁判文书数据、庭审活动数据、执行案件数据和诉讼服务信息，这种载体思维对于司法大数据的支撑颇具理论上的启发意义。事实上，以发展的眼光看，载体还可以进一步拓展，如笔者即将要论述的合议笔录的特定合理公开的问题。参见蒋惠岭："司法大数据能为我们带来什么"，载《人民论坛》2017 年第 36 期，第 75 页。

〔2〕 参见钱锋、高翔："审判管理制度转型研究"，载《中国法学》2014 年第 4 期，第 99~100 页。

而不是"某某认为……"并允许当事人和社会公众查阅，这就很好地平衡了法官履职保护与司法公开（司法大数据形成）的矛盾。从公开深度上看，针对特定事实和法律问题的描述、认定和论理当然是越充分越好，避免技术人员因数据不足而望洋兴叹；越精炼越准确越好，避免技术人员陷入"清洗数据"或"打标签"的海量工作中。在这方面，近年来关于强化裁判文书说理及对司法文书质量进行排查的做法值得赞许和进一步推进。从管理力度上看，要最大范围地促成司法大数据的真正形成，还要在法院和相关部门之间、法院系统之间打破条块管理体制机制上的障碍，真正实现数据的互联互通和司法人工智能的最大价值，例如，四川省在智慧法院建设中通过法院、公安数据的联通应用，很好地落实了多元化纠纷的解决。[1]其他可能的应用场景和价值还包括执行查控的有效实现和虚假诉讼的精准识别等。

此外，司法大数据发展所带来的技术失控问题也应得到重视，这主要表现在对国家安全、个人隐私的保护和对数据权力的规制等。从国外的一些实践来看，公开裁判文书或相关司法数据的获取并不是没有条件的，而是要满足可控可溯源的要求，如获取者须以真实的身份证号登入并履行必备的程序，其所获取的内容也有记录或备案等。而我国目前的情况是重公开、轻保护，对于公开裁判文书的获取并没有任何必要的溯源性的程序控制，这在一定程度上就加大了意识形态安全方面的风险，故应积极借鉴域外的一些经验做法，在促进司法大数据发展的同时，更好地维护意识形态安全。而对于隐私的保护，

---

〔1〕 参见曾学原、王竹："道路交通纠纷要素式审判探索——从四川高院的改革实践出发"，载《中国应用法学》2018 年第 2 期，第 97~106 页。

除必要的技术处理外（如裁判文书的匿名化处理），更多的是
与数据权力的正当行使相关。司法大数据的建设和共享应限于
正当目的，无理由地扩大将导致数据权力的失控。笔者初步的
思路是，承办法官自身并不能直接调取相关数据，而是要按照
一定的条件和程序获得，且要有相应的备案。这既有过滤不当
调取的需要，也有对方便追责的考量。理想地说，司法大数据
的真正形成并不仅仅靠法院的一己之力，且诸如"司法大数据
中心"之类的机构也应更超脱中立，由专门的事业单位承担数
据库建设、查询、开发之责，更符合权力制衡的要求，也更能
有效地保护相关涉案人员的隐私。

（三）司法人工智能的算法规制

尽管学界对于算法黑箱、算法歧视等问题的警惕性很高，
但主要集中在商业研究领域，而司法领域的研究和介入还极其
有限。且不论此种算法规制在技术及路径上如何可行，相关的
配套体制机制的建设目前尚付之阙如。鉴于司法人工智能的规
模化运作属性以及域外已经规制的相关方面的具体设置和考
量，如2019年4月8日，欧盟委员会发布了一份人工智能道德
准则，认为可信赖的人工智能应具备七个要素，分别是：确保
人的能动性和监督性；人工智能的算法要足够安全、可靠和稳
健；个人数据应受到正当控制，不得用来伤害或歧视他人；人
工智能系统应具备透明性和可追溯性；要充分考虑到人类能力
和技能要求的范围，要做到多样性、非歧视性和公平性；要有
助于社会的可持续发展，并且担负生态责任；应当有相应的问
责机制，需要对它造成的后果承担责任。我国亦可参考上述人
工智能的规制思路和具体要素，在法院系统或更高层面设置司
法人工智能审查委员会，负责组织实施司法人工智能开发的许

可、司法属性和伦理道德审查、应用测评、风险应对和后续的
评估清退等。

需要注意的是，在具体的规制过程中，也要综合考量司法
和技术的两方面要求和司法场景的具体差异，采用灵活多样的
规制路径和方法。基于司法的稳定性和公共性、民主性和公开
性，在总体倾向和基本原理层面，应选择成熟的、可视化的、
可解释性的算法，或努力击破算法黑箱，将算法转化为公众、
法官可以理解的自然语言，并接受伦理道德、司法政策之审
查。这可谓一种理想的事前规制，但从技术适配性角度考虑，
这种规制未必现实。如深度学习中的神经网络算法采用网状的
非线性函数，在不相干的元素中建立一个假设的逻辑关系，然
后通过海量的数据来检验这种假设的正确性，淘汰正确度低的
假设，保留正确度高的假设，从而具备更强的学习能力，而一
般人的线性逻辑很难理解神经网络算法等非线性逻辑。[1]故在
无法兼顾司法人工智能的透明性和实用性的情况下，就要考虑
其他的规制路径和方法。对此，则不妨通过事前数据输入质量
的严格把控和事后的输出结果校验，来淡化算法黑箱所带来的
危害。[2]另外，从司法的整个过程来看，并非所有场景都需要
对算法作出解释。例如，法庭记录只需要完整地记录各方当事
人的陈述发言即可，一份好的庭审笔录的关键在于书记员的提
炼、概括。现代语音识别、自动记录技术完全可以一字不漏地
将当事人的陈述发言记录下来，我们也无须对其背后的算法原

---

〔1〕 参见华宇元典法律人工智能研究院编著：《让法律人读懂人工智能》，法
律出版社 2018 年版，第 223 页。
〔2〕 个中道理，正如汪庆华所言："算法的燃料就是大数据。当对数据进行
严格保护的时候，其实就在源头对人工智能进行了规制。"汪庆华："人工智能的
法律规制路径：一个框架性讨论"，载《现代法学》2019 年第 2 期，第 62 页。

理有充分的认识，就如同"用 word 软件办公而不知其所以然"一样。而有些司法场景则必须要求对当事人、社会公众有所回应，特别是核心的裁判形成环节和裁判文书的说理。在这些环节中，算法黑箱、算法的不可解释性是不被允许的，否则，司法就退化为古代的"神明裁判"了。在运用司法人工智能获得新的信息维度时，法官有义务解释司法人工智能是如何获取该信息的，以及该信息对本案的事实认定及法律适用将产生怎样的影响，并要努力将此方面的举证质证义务分配给各方当事人，以秉持司法中立性和当事人抗辩主义。也有学者提出，在某些核心环节，不妨通过司法人工智能的反向运用来避免算法黑箱、算法歧视等问题，针对司法实践中"206"系统"数据化、统一的证明标准"存在的风险，不妨将该标准作为一个反向标准、否定性标准。形象地说，它可以作为英美法系排除合理怀疑的标准，而不是大陆法系直接定罪的标准。[1] 这从广义上说，也是一种值得借鉴的规制思路，即通过司法人工智能的运用方式来规制算法。

综上，可以大体勾勒出司法人工智能的算法规制体系，这也是算法层面的司法支撑，也即通过司法人工智能委员会的设置和相关审查准则的探索，确定算法透明性和无歧视性（或平等性）的原则，根据司法应用场景的具体差异，综合采用事前数据输入质量的严格把控和事后的输出结果校验，持续性的测评评估，和司法人工智能的运用方式等不同层面的规制手段。

---

[1] 刘品新："法律与科技的融合及其限度"，载《中国检察官》2018 年第 15 期。

三、强化交叉人才的培养教育

如前分析，目前存在的普遍问题是司法和技术缺乏互通互促。一方面，司法工作人员并不了解司法人工智能技术的原理和其对司法需求的激发、支撑及实现，也缺乏司法人工智能应用的技术思维和具体的技术知识，特别是系统思维和法统计学方面的知识。另一方面，技术人员又对司法需求缺乏应有的敏感、对司法场景缺少必要的理解，从而容易在有意无意中偏离司法人工智能应用的"初心"，甚至产生司法异化的风险。尽管笔者认为，应强化司法需求的技术导入和技术应用的司法支撑，并提出了相应的对策和建议，但这在很大程度上是短期性的考量，而且切换成本非常高——特别是在人案失衡的巨大工作压力下，广大司法工作人员还要腾挪出宝贵的司法资源去直接或间接地参与司法人工智能的研发、审核和测试评估等事务，这不得不说是一种艰辛的付出。而且，这种付出的可持续性也不无疑问。首先，它在某种程度（哪怕是最低的程度）上牺牲了当下的司法审判职责，尽管发展司法人工智能从长远看是为了能够更好、更有效地促进执法办案。其次，司法专业和技术知识和能力的积累，都有一个长期的过程，而要实现两种知识和能力的融会贯通也并非一朝一夕之功。

故为了更好地应对司法人工智能的挑战，就必须立足长远，在交叉人才的培养教育上未雨绸缪。一方面，应开拓和发展司法人工智能的基础法学教育。在目前的法学院课程设置中仍旧是传统的部门法，学科壁垒森严，这固然有专业化发展的优势，但专业发展的另一面则是视野的窄化。在大数据和人工智能时代，越来越需要系统论的视野和学科的交叉融合。如张吉豫认为："传统的法学研究工作较普遍地表现为单独个体的活动，而大数据时代的海量数据常常无法由单个个体完成收集、整理和分析。目前，许多应用大数据的研究都采用了较大规模的分工协作方式。在结合大数据技术进行法学研究和司法实践的过程中，倚靠个体或者单一部门来开展工作，在一些问题上难以取得突破，必须加强跨学科和跨部门的协作。"[1]从法学基础教育角度讲，就有必要设置司法人工智能等专门法学课程，吸引具有应用大数据技术去解决司法问题的经验丰富的研究者或实务工作先锋人员来参与系统的人才培养计划的设计，重点突出法学的应用性和司法的主导性，让法科生有基本的理工素养，使其能够在日后的学习工作中，懂得运用大数据和人工智能技术支持法学研究和相应的司法实践的发展。需要强调的是，这种培养和课程设置要避免传统的单一学科模式，即虽然引入了多学科背景人才和相关技术专业课程，但并没有凸显法律与科技的紧密融合。另一方面，在司法制度特别是组织机构和法官遴选制度方面，要为将来的变革预留相应的制度空间，或在条件允许的情况下，积极开展相关试点工作。如要提前谋划和考虑法院人工智能审查委员会、信息化管理部门的设置和人员构成；司法辅助人员的范围是否有必要扩充到司法人工智能技术人员，并让其作为合议庭组成成员；或者，直接优先遴选具有交叉学科背景的法官、法官助理等。对于这些问题，可能需要在试点工作或相关实践经验成熟的基础上，通过《人民法院组织法》《法官法》的修改或解释予以最终回应。但

---

[1] 张吉豫："大数据时代中国司法面临的主要挑战与机遇———兼论大数据时代司法对法学研究及人才培养的需求"，载《法制与社会发展》2016年第6期，第61页。

在具体工作中，不妨按照现有的法律原则和框架，秉持开放和前瞻的态度，鼓励各地法院和研究机构创造性地开展相关工作。根据《人民法院组织法》第58条的规定："人民法院应当加强信息化建设，运用现代信息技术，促进司法公开，提高工作效率。"各法院可据此招录、使用有技术背景的法律人才，并以多样化的方式（如以直接的法官身份或聘用制的技术辅助工作人员）充实到合议庭的运行当中。在此基础上，可以更好地思考此类人才的梯队建设和基本定位，更好地满足和落实《人民法院组织法》第45条规定的要求——人民法院的法官、审判辅助人员和司法行政人员实行分类管理；或在充分调研论证的基础上，针对既有条文提出有针对性的修改完善意见，如将司法人工智能的技术人员作为司法辅助人员直接纳入合议庭中，或作为司法行政人员纳入法院专门的职能部门中予以管理。

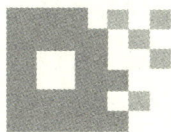

第六章

服务当事人、社会公众和法院管理场景中的具体应用

　　以上基于司法人工智能的理论极限和现实基线，笔者提出了发展司法人工智能的总体方向，但这种方向还是一般性的，为了更具体地分析人工智能司法应用的具体路径，还必须将人工智能与司法的特定场景结合起来。在服务于审判执行、服务于法院管理和服务于当事人、社会公众这三大板块中，审判执行是最为基础和核心的，而法院管理的要义也在于更好地组织、运用司法资源搞好执法办案这第一要务，从而促成司法公正——让人民群众在每一个司法案件中感受到公平正义。而从司法民主这一根本属性来说，服务于当事人和社会公众，对其观感作出有效考量和评估，是检验前面两大板块工作成效的"试金石"。考虑到服务当事人社会公众和法院管理的内在紧密关联，且两者仅是在外部性评价、助推公正司法（故也不妨将其纳入广义的法院管理中），司法人工智能在此方面的介入相对简单容易，故本章首先就此展开分析论述。同时，需要说明的是，法院管理的场景非常庞杂，层次种类上的划分各异，蒋惠岭研究员的划分是较为科学的，他将法院管理划分为三个层次，即案件审理层次的审判管理（包括审判流程管理和审判质量管理）、系统运作层次的外部管理（包括人事管理、经费管

理、物质设施管理和信息管理等）、机关运转层次的事务管理（包括机关的安全保卫、后勤服务、设施维护、印刷文秘、档案管理、车辆交通、信息通讯等）。[1]但限于能力和精力，笔者无法对这些具体场景中的司法人工智能应用一一论述，而是重在择取与审判相关且体现不同层面属性的场景进行阐释分析，也即智能分案（审判管理）、绩效考评（司法人事）、决策参考（司法决策）进行阐释。[2]

第一节　服务当事人和社会公众

服务当事人和社会公众是司法为民的重要方面，指的是法院在依法公正履行审判职责的同时，要尽可能地便利和服务当事人、社会公众。因其系审判程序的外围准备或司法职能的延伸等，司法人工智能能很好地介入其中。

一、基于理论极限的总体审视

服务当事人和社会公众的具体工作包括立案前端的导诉、

---

〔1〕　传统上，通常将法院管理简单地划分为审判管理和行政管理，如郝红鹰所指出的，法院是一个二元异合结构的组织体，即法院内部同时存在性质迥异的审判管理和行政管理。与传统划分相比，蒋惠岭的划分显然更为深入和细致。参见蒋惠岭：《司法改革的知与行》，法律出版社 2018 年版，第 220～221 页；郝红鹰：《当代中国法院管理研究》，天津人民出版社 2016 年版，前言部分。

〔2〕　总体上看，分案、绩效考评和决策参考都与审判业务相关，但具体地看，分案最直接地和诉讼活动结合在一起；绩效考评则离诉讼活动较远，它不仅体现为审判管理，还是人事管理的主要抓手和重要方面；决策参考则又有更宏大的外部管理的蕴意，尽管这种外部管理重在司法职能的拓展而不限于传统的人财物的管理。在逻辑上，分案、绩效考评和决策参考，体现了以审判为中心的微观、中观和宏观的三个层面。

引导、诉前调解，诉讼中的案件程序、处理流程和节点等信息
的公开、诉讼案件材料的复制，诉讼后的裁判文书上网、社会
宣传、新闻发布、调研成果展示等。[1]可以看到，这部分工作
处于审判工作的外围（如导诉、诉讼材料的复制等）或系司法
职能的延伸（如宣传教育、调研成果发布等），但对审判过程
中诉、辩、裁各方的有效沟通起着重要的作用，同时也能在一
定程度上防止潜在纠纷矛盾的发生或提前将其化解。因其并不
直接涉及当事人的实体权益，也并不集中体现司法程序的独立
价值，更多的是相对简单的事务性工作，故而可以大力运用司
法人工智能等现代信息手段对其加以改进，以扩大工作成效。
总结以往的实践可以看出，经过多年来的信息化建设，人民法
院服务当事人和社会公众的能力、质效等都获得了大幅提升。
如在以往，诉讼或执行案件涉及法院内部诸多部门的流转和配
合，当事人及其代理人为了解案件进程而经常在各部门之间多次
辗转，而最高人民法院通过建设审判流程公开平台、开通中国审
判流程信息公开网，让当事人及其代理人凭有效身份证件即可登
录查询、下载有关案件流程信息，从而变当事人千方百计打听案
件进展为法院主动向当事人告知，但这种信息化建设尚停留在电
子化、网络化的程度，离智能化的应用极限还有相当的距离。

二、基于现实基线的一般考察

即便从电子化、网络化信息化建设本身来看，仍有诸多不
足，主要包括以下几个方面：

---

[1]　从广义上说，内在于审判权行使的部分工作也属于服务当事人和社会公
众范畴，如询问/开庭笔录的记载、对特殊需求当事人医疗资源的支持等，但此处
将服务当事人和社会公众限定于当事人、社会公众在庭审活动之外角度的理解。

第一，部分信息公开尚留有死角、力度不够。信息公开的"死角"主要集中在程序衔接阶段，包括仲裁机构向法院申请保全、上诉案件的移送等。这些程序衔接涉及多个部门。比如，在仲裁案件中申请法院做财产保全的当事人需要向仲裁机构提交申请文件，再由仲裁机构向有管辖权的法院转递申请；法院立案部门先审查，满足立案条件的，受理并作出裁定，然后再转保全部门，由保全部门分配执行员采取保全措施。加之法律对此未做明确规范，多依赖于内部规定或习惯性做法。因而，在一些情况下会造成法院工作的恣意性，给当事人及其律师带来很大的不便和困扰，甚至会倒逼其主动"找关系"打听，这就容易滋生腐败。信息公开力度不够的问题主要集中在电子卷宗随案生成和裁判文书的上网公开。虽然全国范围内有2591家法院能够实现电子卷宗随案同步生成，占比为75.21%，但是部分中西部省份法院电子卷宗随案同步生成率不足一半，甚至有的不到10%。在电子卷宗深度应用方面，支持在不同法院间调阅电子案卷的法院有2136家，占比为62%，支持合议庭及本院审委会调阅的法院有2611家，占比为75.79%，支持电子卷宗文字智能识别的法院只有1450家，支持通过电子卷宗提取案件信息并自动回填至办案系统的法院仅为1255家，分别只占全国法院的42.09%和36.43%，而这两项功能正是电子案卷深度应用的重点，是实现智慧审判、减少法官简单重复劳动、提高审判效率的关键。此外，电子卷宗随案同步生成还面临一系列技术和管理上的问题，如随案同步生成的电子卷宗是按照材料提交给法院的时间或者在法院生成的时间进行排序的，不符合档案管理要求，案件结案后往往还要按照归档要求重新扫描，容易造成重复劳动；又如，随案同步生成的电子文档的文字识别仍面临困难，导致识别率不高、精准度不够，影响数据应用；再如，不少法院要求业务庭同步扫描卷宗，这就增加了办案人员的工作量，在一些案件量大的法院尤其如此。[1]裁判文书上网方面也存在着类似的问题。

第二，平台建设缺乏用户体验感。平台建设的目的在于更好地服务于当事人、社会公众获取案件流程信息、法律知识、诉讼指引和其与法院之间的沟通，但在平台的建设和维护中，存在重技术轻业务、重业务轻服务等问题。以诉讼服务网建设为例，部分法院诉讼服务网仅依靠专门技术人员制作和维护，甚至基本的法律常识性错误都不能被及时发现；由于网站制作维护人员不懂业务流程，当事人在平台上寻求诉讼服务时又不能从门户网站处顺畅地与法官取得联系，导致信息化无法满足人民群众的司法需求。一些网站的服务窗口在主页边缘角落位置，不易被发现，存在网站不可用、首页栏目更新不及时、网站搜索引擎功能落后、首页链接不可用、附件不能下载、网页出现错别字等问题。这些问题在诉讼服务大厅和 12368 诉讼服务热线建设中也有不同程度地存在。

第三，各类平台建设缺乏应有的整合度。法院信息化建设初期相对缺乏整体规划和顶层设计，加之一定时期各部门之间缺乏必要的协调，导致诉讼服务平台林立，诉讼服务平台之间不协调、不对接的问题比较严重。这样的现象使得数据资源无法全面有效打通，导致了"信息孤岛"现象的存在。《最高人民法院关于全面推进人民法院诉讼服务中心建设的指导意见》实施后，诉讼服务大厅、诉讼服务网、12368 诉讼服务热线

---

[1]　参见李林、田禾主编：《中国法院信息化发展报告 No.2（2018）》，社会科学文献出版社 2018 年版，第 45 页。

"三位一体"的诉讼服务中心初步建立，诉讼服务平台之间不协调、不对接的问题有所缓解，但仍存在平台分工不明确、信息重复、数据不统一的问题，这影响了服务的精准性和实效性。

三、对策建议

从理论极限上看，在服务当事人和社会公众场景中，要在进一步发展电子化网络化的基础上，朝着智能化的方向深入发展。具体而言，要将在各类网站、平台上的相关数据汇聚起来，通过司法人工智能的深度发掘，准确获知当事人和社会公众角度对司法权运行的评估、建议等，并与法院管理和司法审判紧密结合在一起。例如，电子卷宗随案同步生成，对内而言，可以方便法官及相关主体的调卷工作，提高办案效率，保证卷宗安全，节约司法资源，也使法院内部审判监督至个案成为可能，实现审判管理的关口前移；对外而言，电子卷宗系统运行后，当事人及其代理律师可以根据相应的授权直接调阅、打印正在审理和已审结案件的电子诉讼卷宗，极大地节约了查卷、调卷时间，提高工作效率，最大限度地实现当事人的知情权。又如对留痕的当事人、社会公众评价数据进行智能分析，可以找准人民群众对司法的满意度和具体的司法痛点难点问题，进而更有效地监督司法权的运行、完善审判管理和改善相关工作等。

从现实基线上看，应进一步强化当前信息化建设的基础工作。一是加大信息公开的广度和力度。在信息公开平台上，应设置部门工作衔接的时间节点以及工作进度情况，例如，应当在系统上明确一审法院在结案后多少日向上级法院移送一审卷宗和目前是否移送的状态，逐步将内部工作程序、惯例等可视化、公开化，并制定相关的流程规定、操作细则和处罚措施等，主动接受人民群众的监督，进一步深化司法民主司法公开。另一方面，要提高技术自身智能化水平，如在电子卷宗随案生成和裁判文书的上网公开中要多开发自动回填、一键上网等技术措施，以最大限度地减少法官等司法工作人员因使用司法人工智能而带来的额外工作负担。二是强化平台建设的用户导向。在平台建设中，要紧密结合、积极吸取一线司法工作人员的业务知识、需求捕捉，有条件的地方，可以让一线司法工作人员指导技术人员或直接参与平台建设，改变重技术轻业务的倾向。针对技术有效性便利性等细节问题，应提高重视程度，建立专门的巡查整改工作机制，切实改变重业务轻服务的倾向。三是整合各类平台建设。要加强顶层设计，既要扩大数据的互联互通，也要避免重复建设、浪费资源和信息冗余，妥善处理好诉讼服务"三位一体"平台与司法公开"四大平台"（即中国审判流程信息公开网、中国裁判文书网、中国执行信息公开网和中国庭审公开网）的关系，"服务当事人""服务律师"和"服务社会公众"版块应保持适当区隔并有机统一，从而提升人民法院诉讼服务的整体效果。

第二节　审判管理——以智能分案为例

分案工作从表面上看是一项事务性工作，但其系审判管理的源头基础，并在一定程度上承载着司法效率、司法公正的价值，故司法人工智能在其中的介入并非简单地替代，而是要综合考量各种具体因素。

一、基于理论极限的总体审视

如果简单地以事务性工作看待分案工作的话，或许会得出这部分工作可以完全由司法人工智能来替代的结论。但详细分析后我们会发现,分案工作背后涉及的考量因素是十分复杂的,具体包括法官绩效考评的起点公平、裁判尺度的统一协调、虚假诉讼的防范、审判资源的最优配置等。

就法官绩效考评的起点公平而言,因结案数在传统的法官绩效考评体系中处于核心地位,在无法对各类案件的权重合理估算并准确赋值的情况下,串案或简单易办案件(如道路交通事故责任纠纷、侵犯生命权健康权身体权纠纷)就成为"最受法官欢迎"的案件,因为办理这类案件花费的精力很少,却赚得了与疑难复杂案件一样的"工分",从而案件分配就成为影响法官绩效考评起点公平的关键因素。就裁判尺度的统一协调而言,关联案件或串案尽量分配到某个业务庭或某个合议庭,虽不能从根本上避免基于案件本身的认识分歧(这种认识分歧在某些情况下也是正常和必要的),却至少能够避免因审判主体范围过大而导致的不必要的分歧、纰漏,从而在一定程度上确保了裁判尺度的统一协调,且这种统一协调的成本也相对较低。就虚假诉讼的防范问题,既关乎防范"司法公器被盗用"这一司法权威问题,也关乎裁判公正、第三人权益和社会公共利益的维护问题。假使能够通过智能识别在分案阶段就予以察觉,则能为法官后续处理案件提供有益的提醒,防止其陷入当事人编制的"陷阱"之中,减轻法官的办案压力[1];也能够在一定程度上配合第三人撤销之诉制度、妨碍民事诉讼强制措

---

[1] 根据笔者的法官工作经历和对一些法官的采访调查发现,法官对虚假诉讼高度警觉,因虚假诉讼极易与渎职或与司法腐败联系在一起。即便不被无理由地联系在一起,神圣的法官职业如果无意中被当事人"当枪使",这也会令人羞愧终身。

施、虚假诉讼罪等制度，并减轻了其运行成本。[1]就审判资源的最优配置而言，将不同的案由分配给对口的专业化合议庭（所谓找合适的人做合适的事）或将某个个案分配给适合办理该案的特定法官（如将涉及民刑交叉的某个民事案件分配给对此领域有专门研究的某个法官），将在很大程度上提高办案的质效，也有助于加强法院及其各业务庭的专业化建设。当然，也可基于对审判队伍培养建设的长远考量，审时度势地将不同案由分配给其他的审判团队，以弥补其业务短板、全面丰富其审判业务能力，这是以分案方式实现的另外一种意义的审判资源配置。

　　综上，可以看出，事务性的替代实际上矮化了司法人工智能在其中的应用，离理论极限尚有不少的差距。当然，也要认识到，分案背后的价值考量、机制设计是更为根本的，它集中反映了审判管理效率、司法公正的贯彻力度，这也是此领域中司法人工智能应用所要重点考虑的。

二、基于现实基线的一般考察

　　由于认识的不到位，目前司法人工智能在分案领域中的应用还限于表层，深度应用还很不够，主要表现为以下几个方面：

---

　　〔1〕　为防范和打击虚假诉讼行为，一系列法律制度、相关司法解释、指导意见相继出台。2015 年 2 月实施的《最高人民法院关于适用〈民事诉讼法〉的解释》第 292 条确立了第三人撤销之诉制度以对虚假诉讼作出民事应对；第 190 条则明确将虚假诉讼作为妨害民事诉讼的情形，可处以罚款、拘留乃至追究刑事责任；为与之相匹配和衔接，2015 年 11 月实施的《刑法修正案（九）》第 307 条之一则在刑法上增设了虚假诉讼罪。其后，最高人民法院于 2016 年 6 月出台了《关于防范和制裁虚假诉讼的指导意见》，最高人民法院、最高人民检察院于 2018 年 9 月联合出台了《关于办理虚假诉讼刑事案件适用法律若干问题的解释》等。

第一,分案机制缺乏对系统集成的综合考虑。根据笔者对北京地区几家法院的考察发现,它们基本上以满足案件总体稳健运行为主要考量目标,对分案机制并未有系统而精细化的设计。一种形态是,案件分配完全由人工操作,即由立案庭工作人员根据案由分工将案件分流到各对口业务庭室,各业务庭室则由内勤根据庭室分案具体办法或分案惯例确定分案方案并报庭室领导审批后,具体分配到合议庭或法官名下。这种方式不仅占用了人力资源,且规范性不强,存在很大的任意性和相关的廉政风险(如将案件分配给和请托人相关的法官),很多法院开始逐步摒弃这种分案方式。[1]另一种形态是,机器随机分案,即在案件分配中主要根据对口业务领域中法官未结案数的多少,进行随机补差,结案越快收案也越快,而仅在特定情况下(如涉及案件回避、串案或关联案件分配、重大影响案件等)进行人工的微调。这种方式既节省了人力资源,又有了一定的公平因素的考量,值得肯定。但问题在于,特定情形下的具体做法也处于经验摸索阶段,并不一定科学公正。例如,北京市第三中级人民法院之前的一个分案惯例是,一审案件应分给业务庭领导或审判长以上法官,这可能就不利于培养年轻入额法官驾驭重大疑难复杂案件。[2]

第二,分案机制的相关配套建设尚未跟上。作为审判管理工作的源头基础,分案必然涉及内设机构设置、制度建设等方方面面。例如,按照具体案由设置业务庭的做法就有可能抵销

---

〔1〕 据笔者访谈了解,北京市第一中级人民法院已于 2019 年开始取消人工分案,而代之以机器随机分案。

〔2〕 据笔者访谈了解,北京市第三中级人民法院已于 2021 年开始,一审案件可以随机分给员额法官来办理。

分案的公平性，如总体上，婚姻家事法庭的案由在办理难度上要高于劳动争议法庭，先天的案由设置、结案数考评办法已经内在地决定了分案的局限性和考评的不合理性，这一问题可能要靠精细化科学化的案件权重测算来予以解决。值得一提的是，北京市第三中级人民法院实行的民商融合实践，在很大程度上同质化了民事业务庭，再辅之以随机分案机制，较好地解决了公平分案的问题。[1]此外，关于公平分案的具体要素并不充分细致，如在分案规定或惯例中也极少看到对虚假诉讼问题的具体防范，更重要的是，分案的经验做法并未上升到全体法官都认可的规章制度层面。进而，机器对于具体的公平分案要素为何无具体了解，也缺乏必要的动力，故而也谈不上更高的智能化应用了。

第三，分案自身信息技术的费时费力。这主要指很多和分案相关的信息还需要立案分案工作人员自行填写、录入，缺乏智能化的抓取、回填，从而不得不占用大量的人力资源进行手工操作。这既和前期立案工作中电子化、结构化等信息化工作不足有关，如当事人提交的诉辩材料本身就是纸质的且书写模糊、无法准确扫描或冗余信息过多、结构化不足，也与这方面技术开发投入的不足有关。

---

〔1〕　但不得不提的是，该院还确立了繁简分流机制，即剥离出道路交通事故责任纠纷、生命权健康权身体权纠纷和劳动争议案件和买卖纠纷、公司金融类案件作为"快审庭"专属民商融合案由；其他各类民商事案件则交由其他"精审庭"审理，并不区分各审判业务庭的专属案由。这种做法有其特定的背景和考量，有利于破除专业化所带来的思维窄化问题，更好更系统地应对社会纠纷的立体化、网格化的发展趋势，但带来的问题是，在内设机构设置上强化了法官绩效考评的复杂性和可能带来的起点不公。

三、对策建议

从理论极限上看,应当提高对分案工作的认知水平,要将分案背后的法官绩效考评的起点公平、裁判尺度的统一协调、对虚假诉讼的防范、审判资源的最优配置等考量融入司法人工智能的设计研发当中,从而将简单的事务性替代升华到更高层次的认知性支撑。

从现实基线来看,针对上述具体问题,应着重做好以下几个方面的工作:

第一,系统研判分案背后的要素考量。从整体上看,要将随意性较大的人工分案过渡到机器随机分案,这既符合电子化网络化智能化的发展要求和规律,也有助于杜绝分案阶段的廉政风险。但就具体机制而言,要考虑到一个地区或具体某法院的实际情况,而不宜简单地"一刀切"。相对而言,法官绩效考评的起点公平、裁判尺度的统一协调等分案要素具有相当的普遍性,可在一定层面上进行统筹设计,避免研发的重复建设。而对审判资源优化配置的分案要素来说,有些地区或法院专业化建设不足,就要在分案设计和智能应用上具体考虑分案案由和审判团队之间的匹配性;而有些地区或法院更注重对法官民商融合等全面审判业务能力的培养,那就更应着重考虑不区分民商事案件的具体案由,而进行随机分案。对于虚假诉讼的防范:一方面要通过对既往虚假诉讼案件海量数据的汇聚分析,通过人工智能提炼出更多、颗粒度更细的关联特征(如虚假诉讼多发生在亲属或特定联系人之间,所用的套路也无非虚构债权债务、钻政策制度漏洞等),并据此建模将其运用到当下和将来的审判实践中;另一方面,则要设计出一定的机制将更大系统范围内的数据进行充分融合，因为，虚假诉讼的相关案例可能分散于不同的法院甚至其他部门之间（这一点对关联案件和串案也同样适用）。

第二，健全分案相关的配套制度建设。一方面，要在审判管理的总体思路下，统筹安排内设机构设置和智能分案的对应性。如在民商融合的制度实践下，就无需考虑专业化庭室、审判团队和按案由分案的机制设计；而在专业化人才队伍建设中，就需要考虑按案由设置业务庭、审判团队和按案由分案的相关机制，并要重点评估衡量不同案由的权重赋值，以最大限度地保障分案和考评的公平性。另一方面，对分案实践中摸索总结出来的有益经验[1]，要逐步地上升到规章制度层面，并尽可能地通过相关机制（如上海市第二中级人民法院成立的法官自主管理委员会就是一个很好的实践)[2]获得法官的普遍认可，而非由法院管理者简单决定。

第三，完善分案自身信息技术。一方面，要加强立案分案之间的技术衔接，确保诉辩材料信息的全面准确，并符合电子化、结构化的要求，以便于后续智能分案的应用。另一方面，则要嵌入自动识别和回填技术，减少不必要的人工操作录入，以节省人力资源。

---

[1] 在这方面，北京市第三中级人民法院的有些做法颇有启示意义。如该院规定，二审案件发回重审后又上诉的案件，仍应当由原二审法官办理。这旨在杜绝法官随意发回，而将纠纷矛盾转移给别的法官，督促其一管到底、负责到底，这在某种意义上弥补了随意发回重审方面的制度缺失。

[2] 严剑漪、翟珺："让法官拥有充分话语权——上海二中院成立'法官自主管理委员会'"，载《人民法院报》2019年4月13日。

第三节　司法人事——以法官绩效考评为例

法官绩效考评既与审判管理密切关联,也是司法人事制度的基础内容和重要抓手,法官绩效考评体系是否科学合理直接关系到法院队伍建设这一重大问题。在司法大数据和人工智能发展的背景下,法官绩效考评体系有望获得系统化、多维度和精细化的改造,从而为深化司法体制综合配套改革提供坚强有力的支撑。

一、基于理论极限的总体审视

从绩效考评的一般性来看,是指评定者运用科学的方法、标准和程序,对行为主体的与评定任务有关的绩效信息(业绩、成就和实际作为等)进行观察、收集、组织、贮存、提取、整合,并尽可能作出准确评价的过程。法官绩效考评也不例外,它无非是将反映法官司法品行、司法能力的相关工作信息指标化、数量化,从而在一定考评周期内,按照一定的方法对其计算、评估和应用。从理想的状态来看,指标种类越相关越多维,其所反映的法官绩效考评体系也就越科学越健全;且从操作层面看,相关指标应可定性、可计算,从而能够输出相对确定的结果,以利于后续的评估和应用。故该场景与司法人工智能有很大的契合性。一方面,司法人工智能的根本优势在于信息维度的全面挖掘,它能够辅助主体提高认知,进一步优化法官绩效考评体系,特别是具体指标种类的增加、减少和指标体系内部的合理设置等。另一方面,依托科学可行的算法、强大的计算能力,它能够规模化地处理在以前看来可能无法准确计算、无法可视化的一些具体考评。如不同案由的权重赋值对司法人工智能来说并非难事，而对于人工来说则难以计算或计算起来过于费时费力，故在以往，法院要么是简单地不区分案由进行赋值，要么就是凭借经验来对不同案由进行赋值。[1]

尽管有如上两大方面的契合性，也要注意到，司法人工智能作为一种技术工具并不能自动生成具有主体能动性的考评设计方案。在法官绩效考评体系背后，还包括主体的价值审视、理想诉求等，要回答"培养什么样的法官""需要什么样的管理""到达什么样的绩效"等根本问题，而这实际上涉及了法院的管理理念、机构设置和制度建设等体制机制问题，并非司法人工智能所长。

二、基于现实基线的一般考察

《法官法》第41条规定："对法官的考核内容包括：审判工作实绩、职业道德、专业水平、工作能力、审判作风。重点考核审判工作实绩。"而实践中，执法办案系法官的第一要务，体现工作实绩的案件质量就成了法官绩效考评体系的重中之重。在这方面，2008年《最高人民法院关于开展案件质量评估工作的指导意见（试行）》（以下简称《案件质量评估工作指导意见》）确立了案件质量评估体系，包括3个二级指标（审判公正指标、审判效率指标、审判效果指标），各二级指标下又具体化为11个三级指标，实践中各具体指标也已经实现了

---

〔1〕 在笔者曾供职的北京市第三中级人民法院某业务庭中，庭领导考虑到破产清算案件的复杂性、长周期性等因素，曾提议将破产清算案件赋值为其他民事案件的20倍。这种做法在总体上符合考评精细化的要求，但此种经验性做法也难免存在局限性，例如，有些小微企业的破产特别是无产可破案件的处理，并不比一般民事案件复杂。

网上自动实时生成,但在智能化水平上还有待提升,这主要包括以下几个方面:

第一,对法官绩效考评的"颗粒度"挖掘不够。从总体上看,目前的绩效考评体系处于"一锅炖"状态,仅仅看到法官、合议庭、业务庭或法院等不同层面的结案数、结案率、调解率、撤诉率等具体数字,而看不到这些具体数字和具体案件的内在对应关系,特别是缺乏以某个案件或某类案件为视角的指标体系情况。从具体方面看,职业道德、专业水平、工作能力、审判作风等考评内容因缺乏可视化、可量化的手段机制等,而基本处于"你有、我有、全都有"的"大锅饭"状态。一些具体的案件质量评估指标,如审判效果指标下的公众满意度指标,尽管《案件质量评估工作指导意见》第18条第(2)项确定了可以由各级法院组织或者委托民间调查机构对人大代表、政协委员、廉政(形象)监督员和当事人及其代理(辩护)律师、社会公众进行问卷调查收集,但却未明确公众满意度的具体社会评价因素有哪些,且上述问卷调查收集实践并不多见、也未全面实现电子化网络化,故此项指标的落实尚处于被泛化或虚置的状态。

第二,对法官绩效考评的"关联度"挖掘不够。法官绩效考评一旦被固化为指标体系,则难免有其机械性,并容易使人陷入教条主义、片面主义的泥淖中。如结案数、结案率并不意味着"案结事了",还必须将其与信访率、改判发回率、调解撤诉率、执行率等指标结合起来,进行统筹考量,而且这种考量要一一对应到具体的个案,不能只盯表面数据,而不看实体对应和各指标之间的内在关联。又如前文提到的,即使结案数相同,还要考虑到不同案件的办理难度,对不同的具体案由进行合理赋值，方能做到公平考核。这种关联度的深度挖掘正是司法人工智能的真正用武之地，它既能对相关数据指标进行实质意义的"穿透性审查"，发现某些案件办理当中可能存在的异常，也可以为以后的指标阈值的设置提供有益的参考。

第三，对法官绩效考评的"数据清洗"还不够。司法人工智能的应用最终要落实到数据层面，而数据的有效性就成了关键。因法官绩效考评涉及的内容种类纷繁复杂，数据来源也十分多元，如仅公众满意度的指标数据，就可能包括收受锦旗数、对外宣传情况、是否入选年度优秀案例，从而给开发应用者带来了"冗余信息"，需对其加以清洗方能进一步有效利用，而这方面的清洗技术也正处于探索实践阶段。

三、对策建议

从理论极限上看，应更好地利用司法人工智能挖掘和计算法官在绩效考评中的信息，而不应指望其能够促进法院管理理念、机构设置改革、具体制度建设的根本性变革。正好相反，管理理念的科学化、机构改革的去行政化、考评制度的可视化恰恰是司法人工智能在法官绩效考评中发挥自身优势的外部条件。这是因为，它更多的是为法官绩效考评体系提供标准化的基础，而无法真正触及法官内心的（基于社会职责）"使命召唤"（calling），也无法替代法官的主体能动性。[1]

从现实基线来看，尽管 2008 年的《案件质量评估工作指导意见》第 22 条就已强调评估指标的数据采集、整理、传输和指数编制由计算机自动完成和实时更新，避免和减少人为因

---

[1]　参见陈敏光："综合配套改革背景下的法官绩效考评体系的完善——基于司法属性的管理学思考"，载《法律适用》2018 年第 19 期，第 102~104 页。

素对评估的干扰,但智能化的水平并未有实质意义的提升。故应针对上述具体问题,努力做到以下几个方面:

第一,全面细化颗粒度。就笔者想到的而言,目前能够做的主要方面有:以某个案件或某类案件为视角展开指标体系,从而强化多种多层次数据和实体的对应关系;以服务当事人、社会公众的几大平台建设为依托,对职业道德、专业水平、工作能力、审判作风、公众满意度等以往难以量化考评的内容进行数据汇聚,并分析提炼出可能的细分指标维度(颗粒度),如公众满意度既包括案件自身正确与否、对今后类案的指导意义、对制度创新的助推(如作为司法解释直接来源的案例)和对社会治理创新的贡献(如网约车平台义务、责任的司法认定对平台治理的完善)等不同层面。

第二,深入挖掘关联度。颗粒度细化的同时也是关联度的显现。一方面,要深入发掘各具体指标之间的内在关联,为指标权数合理赋值提供基本依据。例如,调解撤诉率的设置不能偏离一定的阈值,否则将会产生"以判压调、虚假调解"等副作用。在操作层面,可以运用司法人工智能测量某法院或某个庭室范围内某类或某几类案由中调解率的平均水平及区间分布,发现案由和调解率之间的关联度;测度已知的虚假调解或"以判压调"案件中,法官的调解意愿、业务能力、当事人情况等,发现虚假调解、"以判压调"究竟与调解率的过高设置有何种程度的关联;测度不同案由的平均审判时长,合理确定不同案由的绩效考评的赋值等。另一方面,这种关联度挖掘还要延伸到与考评相关的其他环节。例如,法官结案数计值不能仅按照案件个数来"简单粗暴"地计算,而是要有平均审判时长、审判资源耗费等具体维度的分析和考量,这应在分案中有所体现，以保证起点公平。

第三，提升数据清洗技术。对于冗余数据，要善于根据经验进行逻辑分析，以清洗过滤出高质量的数据。兹以案件和法官社会评价为例加以阐释。一方面，此类因素多元复杂，既包括案件本身公正与否，也包括类案指导意义、制度助推、社会治理等方面，从而需要按照不同颗粒度进行结构化的梳理。另一方面，社会评价还具有非实时生成性的特点，有时需要经历一个较为漫长的过程才能"盖棺定论"，从而与当下的即时宣传、推介等并不总是一致的[1]，同样地，裁判规则对社会制度创新的助推效果究竟如何，也只能通过事后相当长时间的验证，而非简单直观地根据是否入选"年度优秀裁判案例"等标准即可作出准确的判断。故而应当避免片面地以赠送锦旗数、当事人好评度、对外宣传量、是否入选优秀年度案例等指标考评案件社会效果，而是要丰富指标维度并对其层层分解、条分缕析；充分研判不同案件的不同侧重指标，有针对性地赋以不同的权重[2]；适当拉长社会效果的测度周期，以保证其客观公正；多关注和提取富含有效信息量的数据，如相比胜诉方，败诉方对法官作出的正面评价可能更真实也更有价值。

---

〔1〕　例如，在被最终认定为无罪的浙江叔侄冤案中，正面典型"神探"聂某某荣誉满身，在当时的央视节目中讲述参与侦破"5·18奸杀案"时，如何在没有找到任何物证的情况下，通过"突审"，让"惊魂未定"的张氏叔侄交代"犯罪事实"，进而从"细节"入手，获得了"无懈可击"的证据。

〔2〕　各类案件的社会效果也表现在不同层面，例如，电商纠纷案件可能更需要司法审判中的"规则细化和合理创新"，而前述的物业纠纷彻底解决可能更需要政府、法院的协同治理，以达到通过解决一个来解决一大片的社会效果。故两类案件社会效果的权重构成也应有所不同。

第四节　司法决策——以司法社会治理为例

这里所论述的司法决策不是审判层面或审判管理层面的司法决策，并不聚焦于个案裁判结果如何作出或者审判管理如何优化，而是侧重于顶层设计方面的重大决策，特别是在如何有效发挥司法的社会治理功能的方面。

一、基于理论极限的总体审视

从理论极限来看，上文提到人工智能对司法型塑的一个重要方面就是将司法从定分止争功能拓展到了社会治理功能，这是一种正向的、值得鼓励和发展的型塑。一方面，这种拓展体现在审判业务层面。具体地说，通过海量个案和与此相关的法院管理、学术研究、社会评价方面数据的汇聚分析，人们对于司法权实际运行状况将获得系统性的认知，从而在很大程度上破除了"盲人摸象"般的局限性。而这种系统性认知就可以融入今后的个案裁判中，赋予其以更广阔的社会治理意义。这种赋能并不限于具有类案意义、规则创新意义的新型疑难案件，也包括简单化标准化的案件，如前文提到的通过智能分析研判物业纠纷根源，促进法院、政府联动治理的例子。另一方面，这种拓展还体现在司法制度的运行层面。具体地说，依靠司法人工智能，人们将有能力准确获知解决纠纷所耗费的司法资源和所获得的社会效益，并对其做定量意义而非定性意义上的成本—效益分析。且随着司法大数据质量、算法的改进，此种成本—效益分析框架的颗粒度、关联度也将日臻精细，如具体到某类案由或某类群体纠纷的成本—效益分析等。此种成本—效益分析不仅有助于内部司法资源配置方式的科学设计和有效安排，如根据案由、疑难复杂程度、是否为群体性纠纷或有特殊当事人（老幼病残）等情况，有针对性地配备相应的人力资源（如专业化的法官、警力、医务人员）、物力资源（如法庭、警车）等；更重要的是，它还可以据此对比诉讼制度与其他替代性纠纷解决机制的效率和效果，明确哪类案件适宜诉前调解、行政机关纠纷处理或电商 ODR（Online Dispute Resolution）在线纠纷机制予以解决，在经济上更有合理性、在社会上更易接受，从而更科学地明确诉讼机制在整个社会治理体系中的定位，并更好地促进多元化纠纷解决机制体系的完善。无论是哪个方面的拓展，均应遵循"司法大数据的深度挖掘——充分的信息——科学的决策"，这恰恰是司法人工智能所擅长的。

当然，也应认识到，只有在司法人工智能挖掘出准确有效信息的情况下，才会对司法决策形成真正的帮助。也就是说，还要回到发展司法人工智能的一般性问题上来，如司法大数据质量、算法的透明公平等，而不是不加分析地接受司法人工智能输出的所有信息。

二、基于现实基线的一般考察

实践中，我国法院系统已开始运用司法人工智能来服务司法决策，如最高人民法院信息中心主导设立的司法大数据研究院下设专门的社会治理研究中心、司法大数据分析中心，定期向最高人民法院报送基于司法大数据而形成的社会治理方面的研究报告，供其决策参考之用。此种实践探索值得肯定，但也存在以下几个方面的问题：

第一，司法"大数思维"的缺乏。从整体上看，法院系统仍沿袭旧的管理决策机制，习惯于依托条块化的科层结构，以部门汇报、统计报表、民主生活会等方式层层汇聚决策所需要的信息，处于经验范围内的"小数世界"中，而对于司法人工智能处理的"大数世界"则较为陌生。正如有学者所批评的："大数据时代，怎么还能把调查问卷作为主要评价手段?"[1]在这种情况下，数据搜集并不会超越既有的维度体系，而数据在层层上报过程中也容易存在遗漏、缺失或失真等问题，据此而作出的司法决策就很难绝对保证其科学性、精确性。

第二，配套制度建设的不足。要彻底贯彻司法"大数思维"，还需要制度上的助推和保障。在此方面，既有的机构设置、司法人员配备等均无法适应"数据驱动"的智能要求。一方面，在法院的科层结构下，流程数据在审管办，执行数据在执行局，裁判文书在信息中心，案件数据在研究室，人事数据在政治部，如无相关的统筹制度，数据将无法汇聚融通为司法大数据，人工智能的开发也就无从谈起。另一方面，法院系统缺乏既懂司法又懂信息技术的专门人才，在数据抓取范围上尚不能有效延伸，在数据架构设计上缺乏应有的编程、统计知识，处于守着司法大数据"富矿"而无从开采的境地。此外，在司法职能延伸方面，法院系统多限于调研宣传、司法建议等传统制度方式，对于如何以司法人工智能技术为依托，建立起政府、法院源头治理、协同治理机制，共促国家治理体系和治理能力现代化，还欠缺实践经验、理论反思和制度准备。

第三，技术应用条件的不成熟。司法数据的不完备、不融合、处理不当、算法黑箱、算法独裁等共性问题在此领域同样

---

[1] 华宇元典法律人工智能研究院编著：《让法律人读懂人工智能》，法律出版社 2018 年版，第 131 页。

存在，相关应用的成熟度、认可度还有待提升，如对中国司法大数据研究院发布的《网络约车与传统出租车服务过程中犯罪情况》的司法大数据专题报告，有学者就从数据采集角度提出了异议。此外，信息化发展的额外负担，让法官办案都要"干一遍、写一遍、填一遍"，这会让其疲于奔命，打击其录入数据的积极性或导致录入数据的失真。

三、对策建议

让司法人工智能服务于司法决策，拓展司法功能，让其参与社会治理，从而从高处着眼，解决制约司法效率和司法公正的体制机制问题，是极富意义的。而结合现实当中存在的问题和障碍，要在以下几个方面多下功夫：

第一，树立司法"大数思维"。要努力破除经验主义、小样本主义的局限性，主动运用司法人工智能处理大数据，从司法大数据中发掘出确定存在而又不为人所知悉的隐蔽规律、信息等，以此来为司法"赋能"，摆脱"案海战术"和机械的法条主义，切实提升司法的社会治理功能。

第二，加强配套制度建设。针对因机构设置而产生的数据壁垒，可以根据不同情况，在院级层面设置信息化工作领导小组或委员会，统筹数据的汇聚融合，这一模式可以同样复制到上下级法院之间、法院和相关部门之间。针对专门人才的缺乏，可考虑在审判、调研部门设置信息专员，及时指导审判部门提供数据、修正偏差，更全面地了解一线部门的数据需求，如实反馈给技术部门。[1]针对司法职能延伸不足的问题，在利

---

〔1〕 华宇元典法律人工智能研究院编著：《让法律人读懂人工智能》，法律出版社 2018 年版，第 134 页。

用好调研宣传、司法建议制度的同时，可以以数据分析报告为基础，探索性地建立法院、政府座谈交流机制，努力找准源头纠纷隐患和联动发力点，待成熟后上升为具体的制度规范。

第三，完善技术应用条件。除了一般性的数据汇聚融合、算法优化外，要特别重视技术本身的自动化和便利性，努力让数据的提供过程与法官办案过程合为一体，数据实时同步生成，不因技术使用而额外增添法官的工作负担。

第七章
司法审判场景中的具体应用
——以民商事审判为重点

本章主要立足于司法审判场景，对若干具体环节和方面展开分析，主要包括网上立案、电子送达、智能庭审和智能裁判等；同时考虑到笔者原系民商事法官的工作经历，在分析中则以民商事审判为重点。

第一节　网上立案

立案阶段是案件能够进入诉讼程序的第一个关口，但目前该阶段在总体上尚处于网络化阶段，智能化的应用也只是局部的且仍存在不少改进的空间。

一、基于理论极限的总体审视

从理论极限角度来看，立案程序并不涉及司法工作人员和当事人就案件实体问题的交流和判断，更多的是围绕案件材料的提交和审核，且关于材料形式要求的规定也相对具体明确。如《民事诉讼法》第 119 条规定："起诉必须符合下列条件：（一）原告是与本案有直接利害关系的公民、法人和其他组织；（二）有明确的被告；（三）有具体的诉讼请求和事实、理由；

（四）属于人民法院受理民事诉讼的范围和受诉人民法院管辖。"该法第 121 条和第 124 条进一步明确了起诉状应当记明的具体事项和不予受理民事案件的具体情形和理由。各地高级人民法院也大多进一步细化了具体操作层面的规定或对某类特殊案由的立案作出了特别规定。故从总体上看，法官等司法工作人员可以更多地依赖司法人工智能作出审查，从而节省更多精力。而且，网络立案留痕本身也将汇聚更多的纠纷数据，尽管有些网上立案并未成功，这将作为后续司法大数据和人工智能开发的重要资源（如被用来分析其他替代性纠纷解决机制的有效性）。但另一方面，在有些情况下，立案程序又与实体问题交织在一起，特别是关于"与本案有直接利害关系"的判定问题，就不符合机器的程式化属性，而是要依赖于主体的价值判断或其本身就是另一个需要进入实体审理而进行确定的前置性问题，故立法上亦设计了不予立案裁定的审查、上诉机制等。此外，是否立案关系到案件能否进入诉讼程序，系当事人权利救济的源头性问题，也关乎司法权和行政权的职责范围、诉讼解决机制与其他替代性纠纷解决机制的合法合理分流等治理制度机制的理解和判断等问题，需要法官等司法工作人员和当事人进行充分的交流、沟通、解释，而不应当由机器作出"冷冰冰"的回应。

二、基于现实基线的一般考察

从现实基线角度看，当前的网络立案实践和相关制度支撑为后续的司法人工智能的开发应用奠定了很好的基础。随着 2015 年 5 月 1 日《最高人民法院关于人民法院登记立案若干问题的规定》（以下简称《登记立案规定》），也即立案登记制的出台和实施，法院在收案数量、工作机制等各方面都面临巨大的压力，同时，平台经济的迅猛发展也催生了大量具有互联网特性的相关纠纷（如电商交易纠纷、互联网金融纠纷、互联网侵权纠纷等），这类纠纷和证据的生成等均发生在互联网虚拟空间内，从而对传统的纠纷解决机制和方式提出了新的要求。网络立案的探索实践、制度建设等呼之欲出。如《登记立案规定》第14条规定："为方便当事人行使诉权，人民法院提供网上立案、预约立案、巡回立案等诉讼服务。"我国法院系统也在大力探索和发展网络立案等诉讼机制，如早在2014年北京就推行了网络预约立案，于2016年1月1日起推出网络直接立案，并对外公布《北京法院网上直接立案工作办法（试行）》（已失效）。[1]在以往探索实践的基础上，最高人民法院于2017年4月12日印发《关于加快建设智慧法院的意见》（以下简称《智慧法院意见》）提出："建立完善网上立案系统，推广网上异地立案，与法官工作平台无缝对接。"该意见明确提出网上立案的发展和具体推广方向。此后不久，杭州、北京、广州分别于2017年8月18日、2018年9月9日、2018年9月28日相继成立互联网法院。[2]它们采用专门的诉讼服

---

〔1〕 网络预约立案可通过审判信息网提交申请，但审核通过后当事人（参与人）或者代理人仍需亲自前往法院提交纸质材料办理立案手续。网络预约立案受理的案件类型包括一审民商事、知识产权案件、执行部分案由的一审案件，如北京知识产权法院只开通了民事案件的预约立案。此并非真正意义上的网络立案。《北京法院网上直接立案工作办法（试行）》（已失效）第2条规定："网上直接立案是指代理律师通过北京法院网上直接立案平台提交立案申请，北京法院经审核通过后，直接予以登记立案，并要求代理律师在一定时限内寄送书面诉讼（申请）材料、交纳相关费用的工作机制。"这属于真正意义上的网络立案。

〔2〕 据报道，从2017年8月18日正式挂牌至今，杭州互联网法院共受理涉网案件超过11 600件，其中60%的案件实现在线庭审、在线裁判。线上关联案件平均庭审用时28分钟，平均审理期限38天，相较传统审理模式分别节约用时2/5和1/2。

务平台（如杭州互联网法院诉讼平台 www. netcourt. gov. cn），实行网上立案，审理特定的具有互联网特性的案件。[1]

网上立案的实践在总体上是值得肯定的，但也要认识到，立案环节的信息化进程在总体上还处于网络化发展阶段，且还存在诸多系统集成方面的问题，离后续的司法人工智能开发应用还有一定的距离。这主要包括以下几个方面：

第一，适用范围较为狭窄。在主体上，网络立案仅限于代理律师，并没有扩及当事人本人。案件类型限于特定审级或特定案由，如北京地区网络立案适用于北京高、中级人民法院管辖的一审民商事案件、知识产权案件和执行案件（但诉讼保全或特别程序案件除外），基层人民法院中数量较大的一审买卖合同纠纷、借款合同纠纷、金融借款合同纠纷、承揽合同纠纷、委托合同纠纷的商事案件正在推广当中；北京知识产权法院已开通了知识产权行政案件的网上直接立案，但知识产权民事案件也处于推广阶段。

第二，落实力度还不够。一方面，考虑到各地法院信息化建设和网络立案情况的不平衡性，目前的网络立案的做法还仅

---

〔1〕 在具体操作上，当事人使用诉讼平台系统，首先需在诉讼平台完成实名认证。其后，选择起诉类型、案由，并将起诉状内容、证据名称及来源、身份证明文件、授权委托书等基本诉讼材料进行线上提交，纸质文本拍照或扫描上传。互联网平台可通过系统对接方式，向诉讼平台传输原始数据、资料作为起诉材料。诉讼平台的受理环节均是在线完成：在线审查、在线补充材料；对于不符合起诉条件的，经在线告知后，原告提出异议的，依法作出裁定不予受理；对属于不予受理范围的纠纷，经在线告知后，原告表示无异议的，作线上退回处理；对需要在线补正材料，未按给予的补正材料时间进行补正的，作线上退回处理；网上发出受理通知；在线缴费，原告可以通过支付宝、网银等直接进行交纳。由于该系统使用中国手机号进行注册，并通过支付宝进行认证，对于不在中国居住、不使用中国手机号或者支付宝的外国当事人尚不够方便。

仅是倡导性的，而不是强制性的。另一方面，在实际操作层面，网络立案又易流于形式。大部分法院的网络立案实际上还只是网络预约立案，当事人通过网络提交的材料经过初步审查后，还需要当事人预约到相关机构窗口进行立案，并非真正意义上的网络立案。

第三，技术深度应用不足。网络立案中涉及的首要问题就是身份认证问题。实践中，针对自然人的"证件比对、生物特征识别"、针对法人单位的"证照比对"身份认证方式已经普及，但这些技术在司法场景中的深度运用还不够。考虑到律师身份的可溯性、可问责性和自然人真实身份状态的难以确定性，各地网络立案系统多对律师开放而不对自然人开放。而有些地区的法院则采取了较为先进的做法，如浙江法院的立案系统对自然人开放，网络立案对律师申请立案都予以开放，自然人申请立案，在注册时需要提交照片、人脸扫描等。对于自然人身份的真实性，浙江法院还采取了与"支付宝"合作的方式，通过调取申请人"支付宝"的相关信息，来确定申请人身份的真实性，以防他人冒名恶意立案。这种做法固然有效，但也存在着上文提到的"技术俘获""技术失控"的风险。

第四，司法制度规范缺失。尽管最高人民法院出台的相关指导性文件大力倡导网络立案，并集中突出"提供网络立案、方便当事人诉讼"的精神，但因在诉讼法层面并未明确网络立案[1]，故对于如何进行网络立案、如何提交电子材料、电子

---

[1]《民事诉讼法》第120条规定了起诉的方式，也即立案的方式，"递交起诉状""按照被告人数提出副本""书写困难的……记入笔录"。按照该条规定的受理条件，当事人只能向法院提供书面材料。《民事诉讼法》对立案的规定，还是基于提交书面材料的方式，对于网络立案提交电子材料的方式未予规定，因此网络立案在立法层面缺乏明确的法律规定。

材料的种类、形式和效力、网络立案流程等方面，不宜做具体规定。而从各地法院开通网络立案系统后的实践情况来看，各地做法和标准不尽相同。如对于申请人通过网络立案应提交哪些材料，目前未见相关规定，大多法院还是依据《民事诉讼法》第119条立案的标准来把握，各自制定各地标准。如《北京法院网上直接立案工作办法（试行）》（已失效）和《北京法院网上预约立案工作办法（试行）》（已失效）中，对申请立案提供材料的要求并不统一。这导致律师往往需要学习不同地区的立案系统的设置、流程、技术指标方能顺利地在各地进行网络立案，这就造成了时间成本的增加，更重要的是，标准化建设和具体制度规范的缺失将影响后续司法人工智能的开发应用。

三、对策建议

针对上述问题，应当做好以下几个方面的完善工作：

第一，总体上扩大适用范围，并根据具体情形区别适用。在主体上，网络立案也应有条件地向当事人放开，这样可以更好地通过网络流痕方式提前了解和固定当事人所陈述的案件信息、诉求表达等，至于格式化标准化材料的处理问题，不妨通过律师渠道予以解决。在案件种类上，应当尽可能地摸索和扩展适用网络立案的案由种类。同时，加大不可适用网络立案案由的研判，如对于刑事案件，考虑到国家追诉的属性，应不适用网络立案，民事案件中涉及身份关系和部分特别程序等更强调现场真实性的案件，也不应适用网络立案。

第二，总体上加大适用力度，并根据具体情形区别适用。为了更好地推进法院信息化建设的纵深发展，为司法人工智能应用奠定良好基础，建议网络立案以必须适用为原则，以选择适用和不可适用为例外。必须适用，是指排除当事人的意愿，应当强制通过网络方式进行立案。选择适用，即该类型案件要适用网上立案，需要基于双方的同意。对于此类同意的意思表示载体，建议参考民事诉讼法上的管辖条款或管辖合意来判断。不可适用，是指根据法律的规定，不能通过网络方式进行立案（如上述刑事案件、身份关系案件和部分特别程序案件等）。同时，还应统筹推进各地法院信息化发展进程，加大网络立案的宣传力度，充分考虑不同群体的可接受度和相应的过渡措施等，逐步地将网络预约立案的做法转化为真正意义的网络立案。

　　第三，整合技术资源，解决程序应用的难点问题。网络立案中急需解决的难点问题是身份认证的有效性和立案材料的真实性。对此，不妨考虑如下：①依托各类资源，规范和统一网络立案的身份认证标准。按照2018年7月25日发布的《国务院关于加快推进全国一体化在线政务服务平台建设的指导意见》，综合自然人身份信息、法人单位信息等国家认证资源的全国统一身份认证系统已于2019年底建成，并依托国家政务服务平台运行。此外，最高人民法院正在建设全国律师信息库，该库可以为全国法院提供律师的相关数据，各地法院通过该库的接口核实网络申请立案的律师身份。对于上述资源中的信息，可以开发与网络立案系统对接的技术通道，通过相应技术方法实现对立案人身份的真实性核查。②明确网络立案身份认证的技术方法。建议要求立案人通过手机、人脸识别等方式在相关法院和仲裁机构网络争议解决平台实名注册。立案人需同时提交身份证件照片或扫描件正反面，法人或非法人组织需提交相应的营业执照与法定代表人（负责人）身份证明照片或扫描件；立案人委托律师代理立案的，律师的系统账号及密码可与其律师执业证号信息等相关联，以此来核实其身份。前述全国统一身份认证系统和全国律师信息库建成后，则以相关系统中的信息为核实的依据。相关法院和仲裁机构后台自动/人工方式完成材料审核和实名认证，并通过网络方式即时通知立案人。③倡导建立电子材料制作与存储的技术标准，探索通过区块链技术等手段建立符合电子材料标准的信息存证方式，从而实现立案材料的电子化与证据的可溯源，从根本上解决立案材料提交的真实性问题。

第四，加强顶层设计，完善具体的制度规范。总体上，建议由最高人民法院规定统一的流程、技术标准，或由其统一开发网络立案系统。在做好网络立案系统建设的同时，也应当在设计之初就做好系统的整体化方案准备，明确其与办案系统、管理办案系统等相关系统的衔接匹配关系。具体来看：①立案材料的形式要求。立案材料的形式要求具体包括文字材料格式、图片格式、具体的系统技术要求和敏感信息的隐匿及后续审判执行程序的有效衔接等。这方面可借鉴域外的有益经验，如美国纽约州法院对网上立案系统中上传的文件有统一的格式要求，必须为 PDF-A 格式的文件，最低分辨率为 200dpi，不得插入 Javascipt 等插件内容，不可使用安全措施加密，须隐去敏感信息等。不符合要求的文件将经系统检测无法上传（敏感信息若遗漏未抹去，目前法院将会以技术手段自动识别并涂抹隐去）。在英格兰与威尔士，当事人通过"在线金钱索偿系统"向郡县法院提交的立案申请表不得超过 1080 个字符（包括空格），通过 CE Filing 向高等法院提交的文件每份大小不得超过 50mb（超过需要拆分）。对于立案所提交电子材料的格式，应当与审判、执行中所需电子材料的格式一致，能保证各系统调用电子材料的便捷性和当事人提供材料的一次性，节约人力、物力、财力。②网络立案中的材料原件核对。立案阶段，申请人为提交材料的一方，且对方当事人并不参与立案程序，故法院对申请提交材料的内容的真实性要求不高，对其仅作初步审查，看其是否符合《民事诉讼法》第119条的规定，并不对材料内容的真实性进行实质审查。但从司法权威、司法程序的严肃性和有效衔接以及民事诉讼法诚实信用原则来看，又必须有相应的规制措施，不妨建议如下：网络立案申请人必须承诺并遵守《网络立案承诺书》。申请人必须承诺提交的电子材料与原件内容一致，并保留原件备查；电子材料与原件不一致或在诉讼中不能提供原件的，除认定该电子材料不具有法律效力外，还应当予以处罚。③立案材料的受理、审核。建议建立立案受理自动审核系统，按照最高人民法院《登记立案规定》第4条确定的具体材料要求设置相应的网络页面，申请立案人按照要求填写完成相应页面，经系统自动审核，满足相应条件，即可完成网络立案材料的受理，并给予相应的受理号如"［2018］京0105民网受××××号"备查。如不符合相关要求，网络立案页面将出现红色特别提醒，提醒申请人完善相关材料和要求。网上受理后的审核应是形式审查，仅在非常有限的几种情形中会退回案件材料或拒绝立案，比如，上传了其他案件的文件，特别是不能以案由不对不予立案[1]。审查期限也应符合《登记立案规定》第8条的规定；通过立案受理自动审核系统的案件，经立案法官最终审查确认后，则可一键点击正式受理，并在系统内生成正式案号如"［2018］京0105民受××××

---

〔1〕从最高人民法院的《民事案件案由规定》来看，案由是法院内部对案件管理的分类，并非当事人的义务，法院不应要求当事人确定"案由"，更不应因为当事人确定的"案由"不对而不予立案。

号"；对于不符合立案条件的，建议应在线告知立案人不予受理或不予立案的结果和理由。④立案人异议和救济等程序。《登记立案规定》第 7 条对于当事人提交材料不符合立案要求的"人民法院应当一次性书面告知在指定期限内补正"，现有的立案程序只给当事人在指定期限内一次补正的救济机会，这同样适用于网络立案。在英格兰和威尔士，任何由法院程序引起的争议，无论是在网上进行还是线下进行的程序，都可以通过"程序听证会"（procedural hearing）来解决。我国不妨借鉴这些经验，并结合网络低成本、高效率的优势，创设"网上程序听证会"等制度来更好地充实当事人的程序权利及其救济。

第二节　电子送达

送达因其事务性工作的属性，耗费了大量的司法资源，故我国对关于电子送达的探索和实践较为积极，也取得了不少成果。另一方面，电子送达进一步智能化应用的困难和障碍仍然存在。

一、基于理论极限的总体审视

长期以来，送达难问题一直困扰着法院，不仅因其耗费了大量的司法资源[1]，也因传统送达方式存在固有的内在局限

---

[1] 自立案登记制实施后，法院案件量不断攀升，送达任务日益繁重。以北京市第三中级人民法院为例，该院 2016 年度向当事人送达法律文书数量 56 618 件，较 2015 年度同期增长 16.8%。2017 年度向当事人送达法律文书数量 78 242 件，较 2016 年度同期增长 38.19%。来自河北省黄骅市人民法院的调研显示，送达事务几乎挤占了基层法院约 40%的审判资源。根据无锡法院的统计，因查找当事人地址、直接送达、公告送达等送达工作占用了法官助理及书记员的时间甚至达到 60%左右。

性。在传统送达方式中，直接送达存在当事人难找或当事人拒收和躲避送达的问题，被形象地概括为"人难找""字难签"。在留置送达中，有关组织或单位协助送达的积极性不高；采用拍照、录像等方式记录送达过程则成本太高、操作不便、保存困难。此外，法律将留置送达限定为受送达人的住所，由于当事人住所的不固定等因素，留置送达也存在很高的难度。在委托送达、转交送达中，则存在部门之间沟通不畅、法律文书移交过程耗时长等问题；在邮寄送达中，同样也存在耗时长、地址信息不准、被受送达人故意拒收或无法核实本人、代签人的真实身份等问题。公告送达适用的前提条件太多，效率低下，时间成本高昂。

从送达的性质看，送达是司法机关将必要的文书交给送达者，让其知道正在处理纠纷的过程或者结果的一种方式，故送达在总体上是事务性、标准化的工作，与人工智能的契合度极高，需求也更旺。这种智能应用主要表现为电子送达，其与以前传统送达方式比较，有如下不可比拟的优势：①即时送达，而且到达即生效，不会再发生拒签、拒收现象；②大大降低了送达工作的成本，有效节约了司法资源；③全程留痕，避免纸质文书材料丢失的风险和人为操作失误；④当事人可以在第一时间知晓事件的进程，程序权利也能得到保证。

二、基于现实基线的一般考察

基于送达效率的强烈需求和其与人工智能的高契合度，我国各地法院都在进行电子送达方面的探索和实践，并取得了不少实实在在的经验做法。如北京市高级人民法院于 2017 年 8 月举行集约送达工作专项推进会，借助信息技术成果推广电子送达方式，于 2018 年 4 月出台了《关于推进集约送达工作的规定（试行）》，该规定将电子送达作为重点适用的方式，在实际工作中也注意积极引导当事人选择电子送达。又如无锡市中级人民法院于 2018 年初建成"无锡法院统一电子送达平台"，实现了除判决书、裁定书、调解书以外的司法文书电子送达的"零距离、零等待"，有效提高了办案效率。自 2018 年 5 月开始，无锡市中级人民法院在民商事案件审理过程中，除符合直接送达条件的案件外，全部优先适用电子送达方式，同时，严控邮寄、公告等传统送达方式的使用。值得一提的是，无锡市中级人民法院对电子送达的运用已不是表层上的推动，而是深入到了数据融通、提升智能化水平层面。该院基于大数据和互联网的应用，由法院联合公安、电信资源，设置专门端口，通过公安部门的协助，查询到送达对象准确的身份信息，再借助电信短信实现除判决书、裁定书、调解书以外的起诉状、答辩状、上诉状、开庭传票、举证通知书、执行通知书等各类文书的送达，建立起对外数据发送对接三大电信运营商、对内业务管理对接法院法综系统的送达平台。具体适用时，法官可通过送达平台，在输入受送达人身份信息后，可向该被送达对象实名制登记下的所有手机号码发送文书送达通知短信，且明确告知"本通知短信到达生效，视为已送达"。同时，法院送达平台显示发送结果为"成功"，并清晰标注每个电信运营商名下的手机接收到该条送达短信的具体时间。电信运营商通过系统向受送达人发送相关电子文书，同时将已收、已读情况反馈到送达平台，并生成截图作为送达回执。这既减少了案件文件打印、人员送达、记录签收等工作步骤，也避免了纸质材料丢失的风险和人为操作的失误，大大降低了送达工作的各项成本，有效地节约了资源。此外，无锡市中级人民法院还依托 12368 诉讼服务平台，将电子送达的发送号码统一显示为 051012368 热线号码，以防止不法分子利用手机短信实施诸如"法院传票"等诈骗行为。

然而，电子送达要取得更好的智能化效果，还存在不同范围和程度的制度、技术和观念上的障碍。

第一，电子送达尚缺乏明确可行的操作规范。现行法律仅对电子送达做了原则性的规定，根据《民事诉讼法》第 87 条第 1 款规定："经受送达人同意，人民法院可以采用传真、电子邮件等能够确认其收悉的方式送达诉讼文书，但判决书、裁定书、调解书除外。"《最高人民法院关于适用〈中华人民共和国民事诉讼法〉的解释》第 135 条第 1 款规定，电子送达可以采用传真、电子邮件、移动通信等即时收悉的特定系统作为送达媒介。可见，从法律和司法解释看，适用电子送达需经当事人确认同意，原则上采用传真、电子邮件、移动通信等即时收悉的特定系统，且判决书、裁定书、调解书不适用电子送达。此类规定大体划定了电子送达的边界，但并没有为电子送达的扩大适用、具体适用提供制度供给，没有更好地体现"规则重塑"的前瞻性要求，司法人工智能的应用也就缺乏明确的方向。

第二，技术应用的正当性、便捷性并未充分体现出来。技术应用正当性主要涉及法院电子送达的有效性证明。从现行法律规定来看，因法院系送达程序的发起方，由其落实送达程序有效性责无旁贷。但在实践中，因目前尚缺乏可溯源性电子送达技术的引入，相应的第三方客观判定（如网络公证等）亦没有充分的发展，在法院与受送达人就此发生争议时，法院自证正当性往往不被当事人认可，从而陷入激烈的矛盾，这就在很大程度上影响了法院电子送达的积极性。技术应用的便捷性主要涉及技术标准化和统一化的问题。由于目前尚缺乏统一和标准的技术流程体系，各地法院在开展电子送达试点工作中存在重复建设、衔接不畅等问题。例如，各地法院对送达媒介的要求不尽一致，不仅包括电子邮箱，还有微信、阿里旺旺、短信、微博乃至各类网络社交平台，在保证效率的同时却也额外增加了司法工作人员询问、搜索、固定有效电子送达地址的负担，而当事人在不同地区法院诉讼时也可能会有随时切换送达媒介的困扰。

第三，当事人和社会公众的认可度有待提高。高效便捷是电子送达的生命力所在，但这与送达有效性存在内在的冲突。一方面，基于网络的虚拟性、非直接面对性等特点，送达的效力容易受到受送达人的否认。另一方面，电子送达中受送达人权益也容易受到侵犯，需要按照价值平衡的理念，确保送达效率的同时，也要确保有效性，同时给提供受送达人权益保障和救济途径。此外，各地经济发展不一、当事人诉讼能力差异较大，影响了电子送达的推广和适用。

三、对策建议

上述问题可以努力从电子送达规则细化、技术完善、宣传普及等方面予以解决。

第一，规则细化要考虑到效率提升的边界何在，如何妥善平衡当事人特别是受送达人的相关权益。在这方面，域外的一些经验做法可资借鉴。美国纽约州法院使用的网上立案系统NYSCEF有不少细致可行的规定：①起诉材料（即指原告用于立案所提交的有关材料）在任何情况下均应书面送达相对方，除非相对方已经是 NYSCEF 用户并且同意接受起诉文件的电子送达；立案后进一步提交的后续材料的送达则根据案件情况而有所不同。②某类案件适用电子送达是强制性的，某类案件适用电子送达则须经相对方同意（一般在书面送达起诉文件时，原告会附随一份征求相对方是否同意适用网上案件管理的文件，经相对方签字同意及可电子送达后续文件）。③无论何种案件，如果相对方是自己代理（Prose——即无律师代理），则其可选择不适用网上立案及送达体系，而要求对方书面送达，并将送达回证和后续案件材料扫描后一并上传至 NYSCEF 中。可以说，这些规则很好地考虑到了不同案件的实际需要，较好地平衡了当事人权益和司法效率，对我国今后进一步完善电子送达规则颇具借鉴意义。

第二，技术完善既要体现以技术对技术的降维打击，也要充分彰显出便捷性、服务性。电子送达的有效性仅仅通过规则细化并不能得到彻底解决，而且成本颇高，以技术对技术的降维打击是可行的路径。长远来看，应当推动固定的电子身份证、电子邮箱的发展，而送达与否也可交由第三方中立的网络公证机构予以证明，从而缓解当事人与法院之间的内在对立。至于便捷性和服务性的提升，则需要细密的标准化建设。在 NYSCEF 系统中，电子送达是在文件上传时自动完成的，没有特别的单行流程。每当完成一项文件的上传时，就能看到一份列表列明这份文件即将被电子送达的各方名称及信息以及无法被电子送达的各方（如有），当点击确认上传文件后，刚才列明可以电子送达的各方已由系统自动完成送达并收到电子送达确认函，而无法被电子送达的各方则需要发送人完成后续的书面送达，并且将书面送达回证扫描上传至 NYSCEF 以闭环该文件的上传及送达流程。在送达效力的解决上，NYSCEF 系统采用"到达主义"，且一切由网络系统自动进行。具体地说，相关文件上传至 NYSCEF 后，该文件即自动电子送达相关方，相关方会收到邮件提示有新文件送达，而发送方会收到一份电子送达的确认函，这些通知均为系统自动同时发送，以确保无人为介入及透明度。根据纽约法院有关规则，"网上送达电子确认函具有证明相关系统电子邮件已经妥善送达相关电子邮箱的效力除非文件上传方明知相关通知无法送达相关方"。如电子送达产生争议，一般将由法官通过一种被称作 traverse hearing 的程序来裁决争议。同时，法官也可能免去听证，直接基于双方正式或非正式的申请决定一项有关送达的争议。

第三，加大法院信息化建设和电子送达宣传普及力度。目前，我国各地法院信息化发展不够平衡、充分，需要在顶层设计、数据融通的引导规划下，统筹协调并加大建设力度。相信在做好规则细化和技术完善的前提下，电子送达的宣传普及将更为顺畅有效，人们也将更容易接受电子送达。

第三节 智能庭审

庭审是审判的核心阶段，涉及的细分场景也非常广泛，从流程看，大体包括：当事人主体资格的认定、当事人诉辩意见的提出和整理、举证质证、法庭辩论、最后陈述、合议、宣判等。在该场景的司法人工智能应用中，既要有提高审判效率、拓宽审判视野的考量，更要有防止冲击司法公正的意识和应对措施。

一、基于理论极限的总体审视

在庭审阶段，当事人的诉讼权利和实体权利相互交织，相关的程序过程还要体现出"看得见的正义"这一独立价值，故相较于前期的立案、送达，司法人工智能在此阶段的介入可能和方式等（姑且称之为智能庭审）又有所不同。

第一，替代性的介入。庭审程序中仍然既包括大量事务性工作，如庭审前对当事人身份真实性的核实、庭审中的法庭记录、庭审后的笔录签字等，司法人工智能在这些细分场景中可以"大展拳脚"。具体地说，可以通过人脸识别技术进行当事人身份真实性的核实，通过语音自动识别记录技术进行庭审笔录的记载，通过签字人数的查验避免漏签情况的发生，从而为司法工作人员免去了很多繁冗的事务性工作。

第二，辅助性的介入。庭审程序中有些外围性的形式要求，并通过形式控制内容来提升庭审沟通的质效，这恰恰契合司法人工智能的程式化的工具属性。在陈述起（上）诉和答辩状阶段，司法人工智能可以根据当事人诉辩意见、证据清单、各类陈述意见，形成相对结构化的"诉讼图谱"或"思维导图"，方便当事人及其代理人、法官一目了然地了解诉讼的基本概况和审判的总体方向。在法庭调查、法庭辩论阶段（很多情况下两者可以合一），司法人工智能可以按照一定的模块即时整理出各方当事人或其代理人诉请、证据、陈述之间的逻辑关系图，法官也可将其审理方向和重点即时地通过司法人工智能展现出来[1]，通过这种方式的有效互动和沟通，庭审将更

---

[1] 当然，在有些情况下，为了取得更好的法庭调查效果，法官的审判意图是不宜告知当事人的，但总体的审理方向和重点的告知，更有利于庭审的聚焦。

为"聚焦"，可以很好地避免"不在同一频道说话"的问题。

第三，认知性的介入。庭审程序中不可避免地会涉及事实判断，司法人工智能恰恰可以给予不同维度的认知，以消除认知盲点或认知误区。如在当事人主体资格核实方面，自然人的死亡、法人主体资格的注销、合并、分立、破产等在信息公示上有时间差，在代理人不披露或有意隐瞒的情况下，法官通常难以获知，所做的司法裁判就可能会落到不适格的主体上，从而需要启动再审程序予以纠正。而依托公安机关、市场监督部门与审判部门信息的互联互通和智能应用就可以有效地避免这一情况。又如，从法官审理案件的角度看，限于审判工作的复杂性，每个案件在某种意义上都是基于不充分信息的博弈，即使是在合议庭制度的保证下，法官也难免顾此失彼，故司法人工智能的提醒功能是很有必要的。这种可能的应用包括提醒法官证据的来源和证明方向，如系亲友或利害关系人作证，其证明力就相对弱些，如作出对己不利的自认，则证明力就相对高些。此外，当事人在庭审中的陈述可能存在前后矛盾或模糊不清之处，法官因庭审时间跨度过大而难以及时捕捉，司法人工智能就可以作为助手来弥补这一点。

第四，内生性的介入。内生性的介入主要源自效率冲动和网上案件网上审理的必然要求。在效率方面，人案失衡、法官不堪重负的矛盾由来已久，如果所有的纠纷都通过传统的庭审方式来处理，主审法官和书记员要预定法庭、上传开庭公告、联系并协调双方甚至多方当事人按时出庭，这常常要耗费大量的司法资源，审判质效也不尽人意。如某个案件的"拖庭"往往会导致法官后续案件的安排被动顺延。对当事人和律师来说则存在着"飞行5小时、开庭5分钟"的开庭高成本，如遇随意开庭、重复开庭、低效开庭的问题，也极易引发人民群众对司法的强烈不满。[1]至于网上案件网上审理，更是效率规律和技术应对的必然要求，前面提到的电商案件管辖权问题、在线纠纷解决机制（ODR）问题等已阐明了这一点，此不赘述。

以上各介入方式表明了司法人工智能在不同程序环节、细分场景中的不同应用程度，但也应认识到，智能庭审会造成以下几个方面价值的减损，这构成了应用的边界所在。

第一，司法器物价值的流失。司法公正、司法文明也具体体现在一系列器物与仪式当中。在传统的诉讼中，通过营造庄严的法庭仪式和"司法剧场"，可以外在地约束法官、当事人，它们也可以作为一种隐秘的力量潜移默化地维持法庭秩序。在传统的庭审方式中，无论是偏重纠问式的庭审还是偏重对抗式的庭审，都有周密的诉讼程序设计，以此来保障诉讼功能和最终实体正义的实现。而与司法人工智能应用密切相关的在线庭审因其虚拟性、非面对面性，容易削弱这种庄严感和"剧场效应"，当事人权利义务的告知和法庭纪律的宣布在效果上似乎并不如传统的庭审方式。如在一些案件中，当事人有随意退出庭审平台、肆意谩骂或玩手机等情况；又如出现当事人事后反悔的情况，以本人在参加在线庭审时处于所谓的疾病发作状态为由，要求推翻在线庭审中所作陈述。

第二，诉讼程序价值的消减。在线庭审因缺乏"剧场效

---

〔1〕　中国之声2018年9月，报道了上海市某区人民法院三次临时取消开庭的事件。尽管法院临时取消开庭有相关的理由，但却招致当事人外地律师的强烈不满，认为该法院滥用权力刁难当事人、违反程序正义。这类事件的发生可能有法官个人的原因，但更多的原因可能在于传统审判方式的固有局限性。这就引发了我们思考：如何在司法领域中引入新的信息技术手段，解决人案失衡，并满足当事人和社会公众的效率需求。

应"，法庭的威严感、神圣感难以感知，既有诉讼程序中的亲历性、对抗性、规范性、严密性等也不可避免地受到了削弱。下面我们以异步审理和证人作证为例加以阐释。异步审理的不当扩大适用有可能削弱诉讼的对抗性，正如有学者提到的，异步审理实际上是对诉讼法直接言词原则的违反，法庭的对抗和辩护也随之削弱或不复存在。证人在线作证也缺乏应有的严肃性，容易给证人以缓冲的时间，导致法庭调查和诉辩双方对其展开的交叉询问也很可能无法取得直接的现场效果，且在没有相关技术措施的情况下，证人有可能事先通过网络提前了解案情。在举证质证环节，这样的问题同样存在。参与过杭州互联网法院在线庭审的某律师称在举证质证环节，当事人通常就是拿证据原件在镜头前出示，对方没有办法直接感知证据是否是原件。在案情简单，争议不大的案件中，这样的举证质证似乎没有大问题，但对于事实争议很大，利益重大，或者证据材料众多的案件，这种举证质证方式就不够稳妥了。

第三，证据形态的变化和司法认定权的"转移"。现代信息技术在证据领域亦引起了相关的变革。一方面，出现了电子证据这一新的证据形态。电子证据储存于网络空间并以电子化的形式存在，与传统的证据形式不同，电子证据具有易篡改、不稳定和系统性等特点。在审判中典型的问题有：如何确保提交的电子证据未被污染或篡改，如何证明电子证据的生成时间，如何认定电子证据和线下真实证据的对应性和一致性等。尽管修改后的三大诉讼法均将其作为新的证据形式，但如何对其进行鉴真、审查、保全和认证仍在探索。这实践中多数法官可能仍然沿用公证这一简单粗糙的做法，这实际上使电子证据书证化了。在某种意义上说，法院将电子证据审查认证的权力转移给了公证机关，而公证机关的公证不一定必要、也不一定有效。如消费者提供的手机截屏、网页打印件完全可以通过查看手机或上网予以核实，又如网络交易平台完全可能在公证之前已经篡改了信息。另一方面，存在传统证据电子化的问题。传统的书证、物证等经过电子化处理后，在某种意义上系传来证据而非原始证据。加之在线审理具有"非面对面"的特点，如何有效展示原件、原物以及如何核对其客观真实性成了突出的难题。不难发现，因技术门槛的存在，相关技术部门已经在一定范围内事实上"分享"了司法机关的证据认定权。

二、基于现实基线的一般考察

实践中，对于智能庭审已有一定的探索和应用。一是替代性介入的广泛应用。根据各地法院情况，基于人脸识别的身份认证、基于语音识别技术的自动记录等技术都被广泛应用。二是辅助性介入的大力发展。实践中也有不少这方面的相关应用，如北京市海淀区人民法院曾首次运用远程视频技术，突破时空限制，实现法官"足不出户"参与鉴定听证，大大降低了时间成本，使其从繁重的事务性工作中解脱出来，从而更加专注于坐堂问案。又如上海刑事案件智能辅助办案系统能够根据语音自动识别，自动从系统里预先储存的全案证据材料中抓取出与提问内容相关联的信息，如被告人身份证等材料，显示在智能抓取区，直观清晰地呈现在各方人员面前。之后，有关被告人的拘留、逮捕、签收起诉书副本的日期等，都随着审判长的询问，由系统自动一一显示出《拘留证》《逮捕证》以及《起诉状副本》，供法庭核验。这就大大节约了查找、比对证据材料的时间,提升了庭审效率。[1]三是认知性介入的尝试应用。在此方面的应用尚未全面推广,主要局限于刑事领域且尚处于试验阶段。2019 年 1 月 23 日下午,由上海市第二中级人民法院院长郭伟清担任审判长的 7 人合议庭公开开庭审理一起抢劫案件,这是全国法院首次运用"推进以审判为中心诉讼制度改革——上海刑事案件智能辅助办案系统"来辅助庭审。在法庭调查环节中,根据系统单一证据校验功能提示,该案存在两处瑕疵,通过系统调取的瑕疵报告显示,瑕疵点为涉案的有关扣押物品未发现扣押笔录,公诉人应法庭的要求,对补正瑕疵证据的情况作出了说明。[2]此外,还存在数据互联互通和深度应用的不足。如在当事人主体资格审查方面,虽然法院系统目前已经可以联通身份证信息,通过国家企业信用信息公示系统也能查询到企业主体资格的基本情况,但当事人、企业主体情况的实际变动与网上变更登记、公示等往往存在"时间差",也就是说数据互联互通的时效性方面还有待改进。四是内生性介入的一定发展。在这方面,法院系统的应对还是很迅速的,特别是三大互联网法院的相继成立,在网上案件网上审理方面做出了很大的实践推动,缓和了内在的效率矛盾。但也要看到,这种缓和是局部性的,如地域管辖规则对网络空间管辖的限制等。

可以看到,上述各个方面的应用在总体上并未全面发展,辅助性介入和认知性介入的细分场景和需求并未充分发掘和释放,内生性介入的制度规则供给等也不足。与此同时,也要认

---

　　〔1〕 参见最高人民法院微信公众号发布的"全国首次!'上海刑事案件智能辅助办案系统'辅助庭审"。
　　〔2〕 参见最高人民法院微信公众号发布的"全国首次!'上海刑事案件智能辅助办案系统'辅助庭审"。

识到，实践中对于司法器物价值的流失、程序价值的减损和司法认定权的技术转移等也有一定的意识，但仍然欠缺建设性的建议和做法。

三、对策建议

在大数据、人工智能等现代信息技术的潮流之下，智能庭审会在一定程度上贬损司法的多方面价值，因而，需要有针对性地完善智能庭审、削减其带来的不良影响。一是对司法器物价值的维护。针对司法器物仪式价值的流失，应重塑在线庭审的纪律氛围、制定相关的诉讼规则，如律师无故退出庭审平台或随意谩骂的，应将相关的不良诉讼行为记录与主管司法局、律协联通，由其依规责处理，对当事人无故退出庭审平台的行为，则不妨探索将其行为纳入失信记录。二是对诉讼程序价值的维护。应根据当事人权益重要性和具体情形，准确适当、分门别类地适用不同的程序（包括同步审理、异步审理）；运用相关技术隔离措施，避免证人事先了解庭审信息和其他证人的作证内容等；设计前端的便捷机制、程序完成证据原件的核对，进一步完善在线举证质证规则等。三是对司法本体价值的维护。针对证据形态的变化和司法认定权的"转移"，一方面固然要通过技术对技术的思维来解决问题，如通过电子身份证系统解决线上身份认证的问题、通过可信时间戳解决电子证据生成时间的问题、通过区块链技术解决网络公证的问题。这些有益的探索有助于解决电子证据的举证质证，进一步扩大智能庭审的成效。但也要充分意识到技术部门分享司法认定权力的隐患，防止片面技术主义所导致的人文情怀的缺失，法官也应当学习和理解技术应用的基本原理，认真充分倾听相关当事人提出的技术异议,给予及时合理的救济。

按照全方位智能服务的发展方向,应在今后的应用中加大推广比较成熟的替代性应用,如目前的人脸识别技术和语音识别技术已经相对成熟,如能将公安系统、市场监督系统或银行系统的认证审核过程和结果有效对接到法院系统,通过司法人工智能的自动化识别就足以作出精准的判定;而对于深挖辅助性介入、认知性介入、内生性介入则要做好以下几个方面的工作:一是对细分场景和可能需求的深度发掘。如"类案类判"的开发,不应仅仅局限于实体程序的维度,还应包括庭审驾驭(如对醉酒、精神病人、缠闹访、无理访当事人的应对)等司法能力的维度,通过有效地推送相关培训学习资料,并自动生成和提供若干可行的建设性意见,再辅之以法官之间的帮扶带教和长期实践,应当十分有助于法官庭审驾驭能力的有效提升。二是数据互联互通和相关技术的深入发展。数据互联互通应不局限于法院系统内部,而是要扩展到相关的公安、市场监督等系统,在机构设置、机制设计上可以根据具体情况,考虑不同的方案,包括公安部、市场监督管理总局和最高人民法院的上层对接,对接后直接由最高人民法院按层级推送至各地人民法院;或者由专门组建的国家信息中心进行信息处理,分送至各地信息主管部门,由其对接至相应的人民法院等。在技术发展方面,要积极借鉴有益经验,为智能庭审提供更好的技术保障。如深圳仲裁委员会建立了自己的云档案馆,对书证、物证、视听资料、鉴定意见及勘验笔录等证据电子化后,并经深圳仲裁委员会平台固化,相关证据可直接视为原件,与公证、认证具有同等效力。又如杭州互联网法院近期上线的司法区块链,可以通过时间、地点、人物、事前、事中、事后等六个维度解决数据生成的认证问题，真正实现电子数据的全流程记录，全链路可信，全节点见证。三是规则重塑和制度供给的努力。如随着互联网法院建设的逐步成熟，具备互联网特性的部分案件可不必拘泥于传统的地域管辖，而可由当事人选择或者基于司法资源和效率的考量强制性要求在互联网法院以在线的方式进行审理等。

第四节　智能裁判

立案、送达、庭审等诉讼程序系外围性的保障，大体上有一定之规，故和人工智能的工具属性有较多的契合。就核心的裁判环节而言，其直接涉及实体认定问题，对法官主体性和价值判断的要求较高，故司法人工智能的介入要以不同的方式显现出来，并接受更为严格的审查和监督。

一、基于理论极限的总体审视

作为司法审判中的核心领域和环节，裁判是综合考量价值体认、事实判断、法律推理和解释的辩证思维过程，而非纯粹的数字化、程式化的形式逻辑，裁判所固有的信息开放性、动态博弈性、价值判断和情感认知的复杂性、利益衡量的公平性等，远非目前的"弱人工智能"所能承载。且从司法本体来看，法官将其司法裁决的权力"让渡"给了机器人法官或其背后的开发者，法院是否放心、社会是否认可、如何化解和防范失控的风险等，都是目前令人担忧的问题。这几点，本书在前文特别是关于人工智能工具属性、司法不适性、异化性部分，已有较为详尽地阐释。

据上，让司法人工智能在裁判环节完全替代法官的设想和努力终将是徒劳的，但这并不意味着，司法人工智能在此方面没有介入的可能性和必要性。参考上文智能庭审中提到的四种介入方式，在总体上，可以排除替代性、内生性的介入，而辅助性、认知性的介入仍有适用的余地。在这里，之所以强调总体上而非绝对排除替代性、内生性的介入，是因为有些裁判的具体事项如死亡残疾赔偿金、诉讼费用的计算等，机器完全能够胜任（但这并非真正意义的智能）；而有些标准化程度较高的案由（如道路交通事故财产损害赔偿纠纷）等，也在总体上契合司法人工智能的程式化、数字化的处理模式。对裁判环节来说，辅助性、认知性的介入为法官最终审查、监督和判断留下了余地，更应当是司法人工智能开发应用的重点。辅助性的介入，如对诉辩材料、对应的证据内容、当事人陈述进行结构化的整理，自动生成裁判文书的基本框架和主要事实法律要点，这类似于法官助理或书记员给法官"套裁判文书"，而无涉实体认定。认知性的介入，如通过类案的检索推送等为法官处理类似案件提供更多更有效的思考维度、裁判方法或实证基础，甚至是对某个案由或案件的裁判要素的深度发掘，以免挂万漏一。

而相较于辅助性介入，认知性介入的智能化水平要高些，也更体现了司法大数据的信息论原理，能够更好地实现法官"善假于物"的内在诉求，故目前的研究和应用也主要着眼于此。一种是外在的"类案类判"，即通过法官主动检索或被动推送给法官类似的案例，并由其以一定的机制和方式阐释适用或不适用类似案例的具体理由，以确保"类案类判"的实现。"类案类判"通过深挖海量案件中的价值真理、法理命题、法律方法，来帮助法官破除局限于小样本的本本主义、经验主义的藩篱，提高司法裁判的认知维度、消除认知盲点，它更多的是思路方法上的参考应用，并不替代法官的具体判断。故从极限理论来看，类案类判场景中的司法人工智能应用很有大力发展的必要性。此外，决策层甚至希冀借此来打造中国特色的判例（法）制度，向世界输出司法文明："通过成熟裁判规则的归纳，不断地向世界展示中国的司法水平、贡献中国智慧，更要努力挖掘蕴含其中的人类的价值共识、同理心等，进一步赢得国际上的尊重和国际法律规则形成过程中的话语权，从而为世界司法文明和人类命运共同体的构建做出中国贡献。"[1]实践中实务部门自然也就对此十分青睐了，正如左卫民所言："类案类判可以说是当前法律大数据与人工智能在司法领域最为热门的一项实践尝试，司法实务部门对类案类判抱持强烈的需求与期待。"[2]另一种是内嵌的"要素审判"，试图将某类细分案由或某个具体裁判事项细分为一个个要素，并通过确定的法律术语、严谨的法律逻辑，让机器自动运行出相应的裁判结果。可以看到，"要素审判"似乎有追求个案具体裁判结果的倾向，而这种倾向将侵蚀法官的主体性、颠覆司法的属性，除非另有正当目的和使用方式，否则就无开发应用之必要。从

---

　　〔1〕　参见姜伟发表的《加强司法案例研究　推动人民法院工作创新发展——在全国法院 2018 年度优秀案例分析评选活动研讨会上的讲话》。

　　〔2〕　左卫民："如何通过人工智能实现类案类判"，《中国法律评论》2018 年第 2 期。实践中，据笔者了解，上至最高法院、下至地方法院，均开展了相关的技术实践。如最高人民法院于 2018 年 1 月 5 日上线运行的"类案智能推送系统"、中国应用法学研究所目前正在研发的"类案类判"研究项目、安徽省高级人民法院主导开发的"类案指引项目"、重庆市北江区人民法院于 2017 年 4 月运行的金融案件"类案智能专审平台"、贵州省高级人民法院建立的"类案裁判标准数据库"等。

实践来看，司法人工智能在此领域中的应用局限于道路交通事故案件或刑事量刑领域，盖因此两类案件标准化程度较高，且刑事量刑涉及生命、自由等重要权益，更有通过机器控制法官自由裁量权的强烈冲动。在运用方式上，则更多的是一种反向的偏离预警，也就是说，并不直接采用司法人工智能的运营结果，而是作为比对，发现法官裁判中的不足与盲点。应当说，基于以上目的和使用方式的"要素审判"并未超越司法人工智能的理论极限，是值得肯定的经验做法。

二、基于现实基线的一般考察

基于高智能化的理解和定位，这里主要考察"类案类判""要素审判"场景中的现实基线。实际上，两者具有内在的相通性：在运行条件上，都需要高质量的海量案例的模型训练。在相互关系上，自底向上式的"输入—输出—校验"过程有助于发现案件审理中的隐蔽要素、逻辑和规律，从而进一步丰富案件要素；而自顶向下式的案件要素的精细化切分、整理又会反过来促进类案检索、推送的精准匹配。在使用方式上，"类案类判"起着正向的参考作用，类似于"参谋官"，而"要素审判"则起着反向的监督作用，类似于"督察官"，通过两者的正反交叉、内外融合，可以更全面地促进类似案件的公正处理，这实际上也构成了更广泛意义的"类案类判"。

尽管以类案类判、要素审判为核心的智能裁判有前文提到的重要意义，但在实践中的应用却不尽人意。不少法官坦言，无论是系统主动推送还是自己主动搜索，目前开发的类案类判系统对其帮助不大：简单明确的案件通常无须检索；而疑难复杂案件则推送精准度不高，与其花大量时间层层过滤、比对，还不如请教经验丰富的法官（所谓"找对人"）或借助有胜诉欲望的当事人律师去寻找类案（所谓"用对人"）。而所谓的要素审判则更是套在法官头上的不必要的"紧箍咒"，用好合议庭和法官会议的质量把控即可，何必还要依靠并不成熟的智能系统呢？细细分析，这种状况与以下几个方面的困难障碍相关。

第一，案例数据的有效性有待于进一步优化。从时间上看，我国卷宗电子化、裁判文书上网的实践时间并不长，如直至 2013 年最高人民法院才建立中国裁判文书网，将各地裁判文书集中统一上传，这就导致案例数据体量和时间跨度的不足，从而制约了对案件裁判要素、具体规则历史形成方面的分析、总结和提炼。从地域上看，各地法院信息化进程不一[1]，案件数据来源混杂不一，要素标准也缺乏系统性的整理，加之司法固有的地方性特点，导致了类案类判、要素审判的适用悖论。如有些案例的裁判规则可能来源于地方高院的会议纪要但并未标注，它在其他地区是否同样适用也不得而知（如限购政策下房屋买卖合同纠纷的处理就有鲜明的地方性）。又如同样的盗窃金额和量刑幅度在不同的地区呈现不同的相关性（经济发达地区量刑一般要低于经济不发达地区），基于本地化数据开发出来的预警偏离系统就仅能适用于本地。而要开发全国范围内适用的预警偏离系统，同样要面临各地量刑差异化的问题，综合统筹后的结果可能是对部分地区不适用或适用效果不佳。此外，有些一审裁判文书的推送看不出来是否上诉、是否最终生效，这也是要改进的具体细节。

---

〔1〕 参见马超、于晓虹、何海波："大数据分析：中国司法裁判文书上网公开报告"，载《中国法律评论》2016 年第 4 期。

第二,算法规制的思路方法有待于进一步探索。只有智能裁判真正被法官、当事人和社会公众接受,它才会得到更好的普及。而这其中,就有个巨大的障碍——智能裁判系统是如何决策的都不可视,谈何接受呢? 即使是可视的,谁又能保证其不含相关主体特别是开发者的偏见或误导呢? 对此,有一种思路主张,回归 20 世纪 90 年代自顶向下的法律专家系统设计,将裁判视为线性模型,相关的逻辑关系图谱和路径也较为清晰明确,算法的可解释性就会很少受到质疑,相应地,算法歧视、算法独裁问题也会得到很好的解决。另一种思路则主张,专家系统要依赖大量的"打标签"等工作,人力物力无法支撑,更重要的是,司法人工智能的优势或最根本的意义就是帮助人们认识到潜在的、不为人知的、但确定存在的影响裁判的具体因素甚至是一般规律,完全依赖专家系统则背离了这一初衷。而且,正如有学者所言,裁判本身在有些情况下并非线性逻辑,而是一个模糊决策的过程,让机器去表达本身模糊的决策过程,亦是不现实的。[1]从而,人们需要另寻司法人工智能的规制思路和方法。

第三,司法需求的具体内容有待于进一步充实。在司法需求方面,智能裁判系统的开发并未充分顾及用户体验。如在类案检索中,法官想了解的是普遍性的、相对抽象的法律定性问题(如合同任意解除权的行使条件),非简单的案情相似,而

---

[1] 王禄生认为:"法官的裁判过程要综合考虑犯罪构成要件,加重、减轻、从轻等情节,最终的判决结果往往往是一个模糊决策。基于此,许多研发主体在良性决策的算法形成中也常常得到一个模糊决策函数,在这种情况下,人工智能量刑预测过程就很难通过可视化的方式呈现或将算法完全公开,法官与公众也很可能因为技术门槛而无法充分理解。"王禄生:"司法大数据与人工智能开发的技术障碍",载《中国法律评论》2018 年第 2 期,第 48 页。

目前的不少类案推送系统却是以案情为基础的，维度过于单一。[1]又如要素审判中，对有一定创造性要求的新型疑难复杂案件而言，法官真正需要的是概括性的办案思路或者是具体的论证角度，是解题的方法而非具体的答案；对简单标准的案件而言，法官可能需要的是标准答案和对答案的校验。而这种不同的具体需求，决定了智能裁判系统开发应用方式的不同。

第四，司法支撑的制度建设有待于进一步完善。近年来，最高人民法院在案例工作方面取得了长足的进步，相继确定了公报案例、典型案例、指导性案例等案例制度体系，并在《最高人民法院关于案例指导工作的规定》（2010年11月）第7条确定了指导性案例的参照效力："最高人民法院发布的指导性案例，各级人民法院在审判类似案件时应当参照。"2017年8月，《最高人民法院司法责任制实施意见（试行）》第39条明确了制作类案与关联案件检索报告的义务："承办法官在审理案件时，均应依托办案平台、档案系统、中国裁判文书网、法信、智审等，对本院已审结或正在审理的类案和关联案件进行全面检索，制作类案与关联案件检索报告。……"该意见还对检索后的情形做了具体区分，如法官拟作出的裁判结果与类案或之前的裁判尺度存在较大的偏差，将会受到严格的审查。尽管如此，现行制度规范并未就检索的时间范围、地域范围、效力等级、操作规程、具体适用等，作出细致的规定。而关于要

---

〔1〕 指导性案例制度的形成过程大体如下：2005年，最高人民法院印发《人民法院第二个五年改革纲要（2004-2008）》，明确提出了要建立和完善案例指导制度。2010年4月，中央政法委协调公检法召开会议，要求推行案例指导制度并在年内公布一批指导性案例。2010年11月，最高人民法院酝酿了五年之久的《最高人民法院关于案例指导工作的规定》出台。2011年最高人民法院发布了第一批指导性案例，截至目前，共发布了112个指导性案例。

素审判及其结果的可否适用、如何适用问题，更是有待建设的空白领域。

三、对策建议

结合上述分析，从极限理论看，总体上应将类案类判的开发应用作为重点，并更多地将其适用于具有一定创造性要求的新型疑难复杂案件中；在具体使用方面，要更多地侧重于认知性的介入，即提供思考维度、具体角度和实证基础，而非具体的裁判结果输出。对待要素审判要慎之又慎，要局限于相对简单标准化的案件中；且鉴于开发难度和开发成本的考量，要集中于涉及当事人重大权益的刑事量刑领域，以做到资源和效益之间的有效匹配；在研发前后，要以法律人为主导，经过严格的事先审查和事后的产品测评；在使用方式上，建议采取反向监督的方式（如偏离预警机制）而非替代解决纠纷，以为法官留出足够的主体裁量空间。

从现实基线看，则还有不少基础性工作要做。

第一，建设系统集成的案例数据库。应当说，最高人民法院、各级人民法院和各科研单位也在这方面下了不少功夫，如起步较早的"北大法宝""北大法意"等企业产品，又如最高人民法院立项研发的法信平台和依托国家法官学院成立的司法案例研究院（2016年9月）。但这些数据库建设需要从量的发展重点转向到系统集成和有效性方面，深度发掘案情比对、法律知识点比对、情势权衡类别或案件的其他"亮点"所在，明确其可以参考适用的时代条件、政策背景、效力范围等，从而不断丰富类案的维度体系，为后续的有效检索、参考适用、要素审判打下坚实的基础。

第二，丰富和完善算法规制的思路方法。对于专家系统等能够可视化的算法，应尽量以通俗简单的话语向社会公众公开并接受评判，这种方式我们不妨将其称之为"事前规制"，应将其主要适用于简单标准化的案件中，并由法官做出最后的校验和选择。对于神经网络算法等存在可视化障碍的人工智能技术，要注重数据质量的源头把控和智能产品的测试评估，应将其适用于有一定创造性要求的新型疑难复杂案件中，并仅以提供概括性的思路、具体角度和实证基础为宜，以辅助法官的认识而非侵蚀其主体能动性。在机器学习的训练过程中，要注重法官的实质参与，由其帮助技术人员解构、分析、提炼出其中所包含的实体要素、案情要素和其他相关要素，全面细化要素的基本颗粒度，从而改进机器学习的精准度并逐步获得司法的认可。[1] 在某种意义上，正如有学者主张的，算法的不可知性与人类思维的不可知性并无实质差别，故应在一定程度上接受算法黑箱，并借鉴人类思维不可知性的方法来应对算法黑箱，这包括数据输入阶段对数据质量的把控和对输出结果的校验，类似于裁判中事实—证据—证据标准的认定逻辑和上诉、再审的诉讼纠偏机制。在 AI 收集数据阶段，只要保证输入数据与结果之间的恰当关联，或者在 AI 作出决定之后对输出结果予以审查、把控，那么算法黑箱的危害就是可控的，而黑箱是否被解读其实无关紧要。当 AI 输出结果时，不应盲从 AI 的结论，而是把握主动权，对结论是否符合客观事实和正义原则进行审

---

〔1〕　在对训练集深入研究的过程中，人们能全面理解影响裁判的各种要素，特别是以前并未认知和发现的要素，如某个盗窃罪算法模型因经济条件和当地司法政策因素可能仅适用某个省或地区、某个案件裁判幅度受到了当事人闹访的影响等，在此基础上，就能较好地解决算法有效性的问题。

查，这样也能淡化黑箱的潜在危害。[1]

第三，强化司法需求的挖掘和导入。无论是"类案类判"还是"要素审判"，法官等司法工作人员的现实需求和潜在需求均没有获得系统性地发掘和整理。建议由各级法院的专门职能部门（如研究室）承担此项职责，以此为通道专门汇聚一线司法工作人员具体多样的司法需求，并进行分析、归类和总结，与技术研发部门或企业做好对接工作。

第四，加强制度机制方面的保障和完善。一方面，要建立专门的智能裁判研究队伍和工作机制。建议各地法院依托研究室或其他职能部门，有效对接业务庭室内勤或法官会议、审委会等，系统深入地研究该院重大、疑难、典型案例的亮点和具体参考价值，系统深入地对类案的逻辑图谱和裁判要素进行整理，为后续的司法人工智能开发奠定良好的基础。另一方面，应鼓励各级法院及其司法工作人员对智能裁判进行探索总结，对一些可能行之普遍有效的经验进行复制推广，再将其升华为类案类判检索、推送、适用方面具体制度规范。具体包括：应当运用类案类判机制的具体案件情形（特别是典型、重大、疑难复杂案件的类型化、具体化）、检索或推送应涉及的司法人工智能产品范围、类案标准（包括案件案情、政策时代背景、法律规则体系等多维度的类似）、类案比对的有效性及其具体展现、排除类案适用的理由、合议庭和院庭专业法官会议对类案适用的过程和具体意见等。此外，还应强调司法工作人员"司法大数据生产者"的身份，明确其有义务保证数据质量的

---

　　[1] 华宇元典法律人工智能研究院编著：《让法律人读懂人工智能》，法律出版社 2019 年版，第 226~227 页。

优劣和后续司法人工智能的应用成效。无论是前期的审判信息的录入、庭审笔录的记载，还是后续的合议和裁判文书的撰写，都要保证信息的真实、全面、简要、表述的严谨规范和形式上的结构化要求，这既有利于减少冗余累赘的信息、充实司法大数据的"多维度"属性，更利于减少技术人员的数据处理成本、实现司法和技术的有效对接。值得肯定的是，《最高人民法院关于加强和规范裁判文书释法说理的指导意见》（2018年6月13日），从证据认定、法律适用、规范用语、文书样式等方面明确和强化了对裁判文书的说理要求，是有利于智能裁判的开发应用的，但上述指导意见似乎并未主动或更具体地将裁判文书说理和司法人工智能紧密联结起来，一些重要制度规范可能要留待进一步的实践和具体细则的完善，例如文书样式与结构化数据之间关系（法官按照哪种文书样式撰写裁判文书更利于数据的结构化和司法人工智能开发）、原本载于副卷的若干内容（如合议庭少数意见及其理由）可否以特定适宜的方式公开等。〔1〕

---

〔1〕 合议笔录的特定方式公开的问题，已在前文第五章第三节关于"强化技术应用的司法支撑"部分有详细论述，此不赘述。还值得一提的是，有些法院的创新性做法对于司法人工智能的开发而言，是富有意义的，如北京知识产权法院在原告依波路（远东）有限公司诉被告国家商评委、第三人深圳市依波路保健科技有限公司商标无效行政纠纷案件中，首次突破惯常的文书格式，将"合议庭少数意见"写入判决书中，从而完整地呈现了合议庭的两种观点。参见张晓霞、宾岳成："北京知产法院首次将'少数意见'写入判决书"，载《北京日报》2015年12月15日。

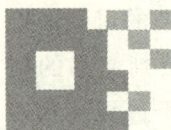

结语
拥抱并审慎地对待司法人工智能

　　人工智能在本质上系基于大数据、算法和算力的机器智能，而非有机智能。在司法领域，人工智能因其信息的多维度、运行的规模化、技术的中立性等工具属性，而能够以其独特的方式促进司法公正、提升司法效率、优化法院管理和形成系统思维，从而在最大限度上解放"司法生产力"，这确实是一种福音。然而，科技从来都是一把双刃剑。按照工具论的逻辑，司法人工智能在满足主体需求、价值的同时，也存在各种可见或潜在的弊端、风险等，包括技术主义对司法的俘获、对法官主体能动性的侵蚀和对不平等的固化和放大等。故基于司法人工智能的基本矛盾——善假于物与司法异化，应在总体上对司法人工智能持拥抱和审慎的态度。

　　这种态度还应当转化到具体应用之中。而在应用之前，一方面，要厘定司法人工智能的理论极限，因为不清楚极限会做无用功甚至起反作用。这一理论极限既来自司法人工智能这一工具本身，更来自司法属性对其的规训。这是因为，没有万能的工具箱，工具总有目的上的限制；且司法人工智能作为技术属于"快变量"范畴，而和人性紧密相关的司法则属于"慢变量"范畴,在时间跨度、制度匹配上两者难免存在一定的不适。[1]换言之,司法人工智能正在被潜移默化地"嵌入"到司法运行当中,"型塑"着未来司法制度的基本形态,司法是否应当以及如何对其加以规训,都值得深入研究。另一方面,还应提高司法人工智能的基线,积极地为司法人工智能的应用创造更为有利的条件、解决其中存在的主要问题,因为不提高基线就无法实现降维打击。同样地,这些基线既包括技术条件的成熟,也包括来自司法部门及其工作人员的有力支撑,诸如真正意义上司法大数据的形成、法律语言和技术语言转化成本的减少等。在总体方向上,应始终强调司法的主导性和人工智能的工具主义定位,并在司法场景研判的基础上,大力加强司法与技术的合作,包括司法需求技术导入的强化、技术需求司法支撑的强化和交叉人才培养教育的强化等。在具体应用中,应对服务当事人和社会公众、法院管理、司法审判等板块场景进一步细分梳理,结合极限与基线的分析框架,对其进行审视和考察,以明确司法人工智能介入的可能、限度及方式,创造有利的条件和解决其中存在的主要问题,从而有针对性地提出具体的对策与建议,希冀为司法决策者和司法人工智能开发者提供有益的启示和参考。

---

〔1〕 按照伊藤穰一在《爆裂》一书中的提法,技术属于快变量、人性属于慢变量。参见 [美] 伊藤穰一、杰夫·豪:《爆裂》,张培、吴建英、周卓斌译,中信出版社 2017 年版。

关于司法人工智能应用的 20 条建议

基于以上研究，笔者试图从基本原则、总体思路和具体措施方面为司法人工智能的应用提供若干建议，供司法决策者和司法人工智能开发者参考。

一、基本原则

1. 依托司法民主机制，高度尊重人民群众的司法需求、充分发挥人民群众的聪明才智、主动接受人民群众的监督评判，努力实现司法人工智能的可知、可用、可控和可靠。

2. 人工智能本质上系基于大数据、算法和算力的机器智能，而非有机智能。故应对其做工具主义的定位，并强调司法的主导性。

3. 要对司法人工智能的工具属性和其运行机制有充分的理解，高度重视其在促进司法公正、提升司法效率、优化法院管理、形成系统思维方面的重要价值。

4. 要对司法性质和属性、价值等进行系统的反思，以此来厘定司法人工智能应用的可能和限度。

5. 要对司法人工智能应用的现实条件和存在的问题进行充分研判，积极营造有利条件、努力解决制约障碍，更好地助力司法人工智能的应用。

二、总体思路

6. 建立完善科学可行的体制机制建设，加强司法对人工智能技术的规训，以落实司法的主导性。

7. 进一步推动人民法院信息化建设纵深发展，注重发展的充分性平衡性协调性，在前期电子化网络化的基础上，实现更高层次的智能化飞跃。

8. 深化司法和技术的合作，研究建立相关的体制机制来强化司法需求的技术导入和技术应用的司法支撑。

9. 立足长远，注重交叉人才的培养教育，主动适应新时代的信息变革和其对人民法院工作的助推和挑战。

10. 在具体应用中，要注意司法场景和人工智能的紧密契合，努力做到极限范围内的最大化利用。

三、具体举措

11. 尝试在最高人民法院或依托信息中心设置司法人工智能发展委员会，统一部署和组织实施司法人工智能研发前的司法审查、研发中的监督指导、研发后的评估应用等工作，出台类似于欧洲司法效率委员会（CEPEJ）《关于在司法系统中使用人工智能的欧洲宪章》（European Ethical Charter on the use of artificial intelligence in judicial systems）的指导性文件，确定人工智能司法应用的基本原则，包括尊重基本权利、非歧视、透明公正、质量安全和用户控制原则等[1]。

---

[1] See European Ethical Charter on the use of artificial intelligence in judicial systems, https://rm. coe. int/ethical – charter – en – for – publication – 4 – december – 2018/16808f699c, accessed June 6, 2019.

12. 尝试建立"司法统领、市场运行"的司法人工智能开发机制,由最高人民法院或通过其控制的企业实体(如中国司法大数据研究院)来整体把控司法大数据的安全开发、算法的公开公正,有效避免当事人隐私、意识形态安全等外溢风险,切实解决算法黑箱、算法独裁等问题。

13. 根据具体情况,立足深化司法体制综合配套改革的背景,各级人民法院应依托信息化职能部门与审判部门的衔接互动或法官自主管理委员会等实践机制来真实、高效地汇聚司法人工智能应用方面的具体需求,并对相关的司法人工智能产品提出改进意见和措施等。

14. 尝试建立人民法院信息职能部门与司法人工智能开发企业之间的指导监督和交流合作机制,充分发挥法官等司法工作人员"产品经理""数据标注者""算法质疑者"等角色功能,以强化司法需求的技术导入。

15. 整合人民法院各类网站平台建设;深化司法公开的广度力度,强化裁判文书的充分说理,探索合议意见合理公开的制度方式;对最高人民法院指导案例、公报案例、人民法院案例选和各级人民法院的典型参阅案例等案例资源,和法律、行政法规、司法解释和相关的规范性文件等进行系统集成,为司法大数据的真正形成、高质形成创造有利的条件。

16. 建立司法大数据数据库的标准,研判司法大数据的结构化要求,以此来指导审判流程信息模块和裁判文书样式等,尽可能减少数据对接和数据"清洗"的成本。

17. 算法的选择和应用均应符合司法人工智能委员会确定的标准。根据现有技术条件,对可以解释的算法应尽可能以公众理解的方式做出充分解释,以击破"算法黑箱";对于不可解释的算法，应强化事前输入数据质量的控制、不断校正和事后性能的测评、验证，确保其安全有效。

18. 加强司法场景的细分梳理，明确人工智能在不同场景中的契合点、可能和限度以及介入的具体方式。

19. 在可计算、模式化的司法辅助事务中，应侧重于司法人工智能的替代性介入，辅之以司法工作人员的必要监督。

20. 在不可计算的价值判断或涉及能动创新的司法领域中，特别是实体裁判的核心环节，应慎之又慎。要侧重于司法人工智能的辅助性介入和认知性介入，相关的结果输出仅仅作为正面的信息来源或反向的预警参考，最终裁判的作出者和司法责任的承担者仍是法官，而无推诿给司法人工智能的可能。

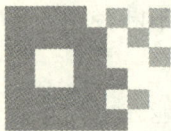

参考文献

一、中文文献

（一）中文著作

1. 陈甦、田禾主编：《中国法院信息化发展报告 No.3（2019）》，社会科学文献出版社 2019 年版。
2. 华宇元典法律人工智能研究院编著：《让法律人读懂人工智能》，法律出版社 2019 年版。
3. 郝红鹰：《当代中国法院管理研究》，天津人民出版社 2016 年版。
4. 蒋惠岭：《司法改革的知与行》，法律出版社 2018 年版。
5. 李林、田禾主编：《中国法院信息化发展报告 No.1（2017）》，社会科学文献出版社 2017 年版。
6. 李林、田禾主编：《中国法院信息化发展报告 No.2（2018）》，社会科学文献出版社 2018 年版。
7. 苗力田主编：《古希腊哲学》，中国人民大学出版社 1989 年版。
8. 邬焜：《信息哲学——理论、体系、方法》，商务印书馆 2005 年版。
9. 吴军：《智能时代：大数据与智能革命重新定义未来》，中信出版社 2016 年版。
10. 吴军：《数学之美》，人民邮电出版社 2014 年版。
11. 姚海鹏等：《大数据与人工智能导论》，人民邮电出版社 2017 年版。

12. 周旺生：《法理探索》，人民出版社 2005 年版。

13. 苏力：《制度是如何形成的》，北京大学出版社 2007 年版。

14. 周玉华主编：《中国司法学》，法律出版社 2015 年版。

15. 中共中央马克思恩格斯列宁斯大林著作编辑局编：《马克思恩格斯选集》（第 1 卷），人民出版社 2012 年版。

16. 中国人民大学编：《马克思恩格斯论人性、人道主义和异化》，人民出版社 1984 年版。

17. 赵汀阳：《第一哲学的支点》，生活·读书·新知三联书店 2013 年版。

（二）中文译著

1. ［德］考夫曼：《法律哲学》，刘幸义等译，五南图书出版公司 2000 年版。

2. ［德］卡尔·拉伦茨：《法学方法论》，陈爱娥译，商务印书馆 2003 年版。

3. ［德］鲁道夫·冯·耶林：《法学的概念天国》，柯伟才、于庆生译，中国法制出版社 2009 年版。

4. ［美］本杰明·卡多佐：《司法过程的性质》，苏力译，商务印书馆 1998 年版。

5. ［美］约翰·布罗克曼编著：《如何思考会思考的机器》，黄宏锋等译，浙江人民出版社 2017 年版。

6. ［美］伊藤穰一、杰夫·豪：《爆裂》，张培、吴建英、周卓斌译，中信出版社 2017 年版。

7. ［美］弗雷德里克·泰勒：《科学管理原理》，赵涛等译，电子工业出版社 2013 年版；

8. ［加］马歇尔·麦克卢汉：《理解媒介——论人的延伸》，何道宽译，商务印书馆 2000 年版。

9. ［英］弗·培根：《培根论说文集》，水天同译，商务印书馆 2013 年版。

10. ［英］卡尔·皮尔逊：《科学的规范》，李醒民译，华夏出版社 1999 年版。

11. ［以色列］尤瓦尔·赫拉利：《未来简史：从智人到智神——打开人类认知未来之窗》，林宏俊译，中信出版社 2017 年版。

（三）期刊论文

1. 白建军："大数据对法学研究的些许影响"，载《中外法学》2015 年第 1 期。

2. 钱锋、高翔："审判管理制度转型研究"，载《中国法学》2014 年第 4 期。

3. 陈瑞华："司法权的性质——以刑事司法为范例的分析"，载《法学研究》2000 年第 5 期。

4. 陈敏光："综合配套改革背景下的法官绩效考评体系的完善——基于司法属性的管理学思考"，载《法律适用》2018 年第 19 期。

5. 冯洁："人工智能对司法裁判理论的挑战：回应及其限度"，载《华东政法大学学报》2018 年第 2 期。

6. 龚祥瑞、李克强："法律工作的计算机化"，载《法学杂志》1983 年第 3 期。

7. 高奇琦、张鹏："论人工智能对未来法律的多方位挑战"，载《华中科技大学学报（社会科学版）》2018 年第 1 期。

8. 侯猛："互联网技术对司法的影响——以杭州互联网法院为分析样本"，载《法律适用》2018 年第 1 期。

9. 蒋惠岭："司法大数据能为我们带来什么"，载《人民论坛》2017 年第 36 期。

10. 季卫东："人工智能时代的司法权之变"，载《东方法学》2018 年第 1 期。

11. 刘品新："法律与科技的融合及其限度"，载《中国检察官》2018 年第 15 期。

12. 刘品新："大数据司法的学术观察"，载《人民检察》2017 年第 23 期。

13. 李晟："略论人工智能语境下的法律转型"，载《法学评论》2018 年第 1 期。

14. 李恒威、王昊晟："人工智能威胁与心智考古学"，载《西南民族大学学报（人文社会科学版）》2017 年第 12 期。

15. 李本："美国司法实践中的人工智能：问题与挑战"，载《中国法律评论》2018 年第 2 期。

16. 马长山："人工智能的社会风险及其法律规制"，载《法律科学（西北政法大学学报）》2018 年第 6 期。

17. 马超、于晓虹、何海波："大数据分析：中国司法裁判文书上网公开报告"，载《中国法律评论》2016 年第 4 期。

18. 钱学森："现代科学技术与法学研究和法制建设"，载《政法论坛》1985 年第 3 期。

19. 山东省高级人民法院办公室："信息化——现代化法院的重要标志"，载《山东审判》2003 年第 1 期。

20. 汪庆华："人工智能的法律规制路径：一个框架性讨论"，载《现代法学》2019 年第 2 期。

21. 王禄生："大数据与人工智能司法应用的话语冲突及其理论解读"，载《法学论坛》2018 年第 5 期。

22. 王禄生："司法大数据与人工智能技术应用的风险及伦理规制"，载《法商研究》2019 年第 2 期。

23. 王禄生："司法大数据与人工智能开发的技术障碍"，载《中国法律评论》2018 年第 2 期。

24. 肖建国、庄诗岳："论互联网法院涉网案件地域管辖规则的构建"，载《法律适用》2018 年第 3 期。

25. 余斌："论大数据人工智能时代司法裁判层级的适用——以商事裁判为例"，载《学术研究》2018 年第 3 期。

26. 郑戈："算法的法律与法律的算法"，载《中国法律评论》2018 年第

2 期。

27. 张妮、杨遂全、蒲亦非:"国外人工智能与法律研究进展评述",载《法律方法》2014 年第 2 期。

28. 左卫民:"一场新的范式革命?——解读中国法律实证研究",载《清华法学》2017 年第 3 期。

29. 左卫民:"如何通过人工智能实现类案类判",载《中国法律评论》2018 年第 2 期。

30. 张吉豫:"大数据时代中国司法面临的主要挑战与机遇——兼论大数据时代司法对法学研究及人才培养的需求",载《法制与社会发展》2016 年第 6 期。

31. 曾学原、王竹:"道路交通纠纷要素式审判探索——从四川高院的改革实践出发",载《中国应用法学》2018 年第 2 期。

32. 周洁:"试论泰罗科学管理理论的利弊",载《科技经济导刊》2016 年第 18 期。

33. 〔德〕卡尔·拉伦茨:"论作为科学的法学的不可或缺性——1966 年 4 月 20 日在柏林法学会的演讲",赵阳译,载《比较法研究》2005 年第 3 期。

(四)报刊网络

1. 蔡长春:"人民法院信息化 3.0 版'智慧法院'为司法事业插上腾飞翅膀",载《法制日报》2016 年 4 月 12 日。

2. 景玥:"法学大咖共聚金陵论司改成果入法如何除旧布新",载 http://legal.people.com.cn/n1/2017/0910/c42510-29525963.html,2019 年 4 月 12 日访问。

3. 王雷:"山东在争议中推广电脑量刑 刑期可望精确到天",载《南方都市报》2006 年 9 月 12 日。

4. "首位人类国籍机器人:'索菲娅'获沙特公民身份",载 http://www.cssn.cn/gj/gj_gjzl/gj_ggzl/201710/t20171031_3689730.shtml,

2018 年 10 月 12 日访问。

5. 李卓谦:"王禄生:司法大数据与人工智能开发需反思片面技术理性思潮",载《民主与法制时报》2018 年 6 月 3 日。

6. 严剑漪、翟珺:"让法国拥有充分话语权——上海二中院成立'法官自主管理委员会'",载《人民法院报》2019 年 4 月 13 日。

7. 肖琴编译:"哈萨比斯:AI 将带来诺奖级突破,但深度学习解决不了通用 AI",载 http://www.sohu.com/a/256002782_ 473283,2018 年 10 月 23 日访问。

8. 刘欢:"北京知产法院首次将'少数意见'写入判决书",载《北京日报》2015 年 12 月 15 日。

二、外文文献

(一) 期刊论文

1. Anupam Chander, "The Racist Algorithm?" *115 Michigan Law Review* (2017).

2. Anne vonder Lieth Gardner, *An Artificial Intelligence Approach to Legal Reasoning*, MIT Press Cambridge, MA, USA, 1987.

3. Buchanan &Headrick, "Some Speculation About Artificial Itelligence and Leagal Reasoning", *Stanford Law Review* (1970).

4. CalDeedman, Smith J C, *The Nervous Shock Adviser: A Legal Expert System in Case—based Law, Operational Expert Systems Applications in Cananda*, Ching Y. Suen and Rajjan Shinghai eds., Pergamon Press Oxford, 1991.

5. Danielle Keats Citron & Frank Pasquale, "The Scored Society: Due Process for Automated Predictions", *89 Washington Law Review* 1 (2014).

6. Danielle Citron, "Technological Due Process", *Washington University Law Review*, vol. 85, no. 6.

7. Greg Allen andTaniel Chan, *Artificial Intelligence and National Security, Belfer Center for Science and International Affairs*, Harvard Kennedy School,

Harvard University, 2017.

8. JamesHendler and Alice M. Mulvehill, "Social Machines: The Coming Collision of Artificial Intelligence", *Social Networking and Humanity*, A Press, 2016.

9. LawrenceLessig, "The Law of the Horse: What Cyberlaw Might Teach", *113 Harv. L. Rev. 501* (1999).

10. LucienMehl, *Automation in the Legal World*, *Proccedings of Conference on the Mechanisation of Thought Process*, Teddington, 1958.

11. Jack M. Balkin, "The Path of Robotics Law", *California Law Review Circuit*, vol. 6.

12. Richard A. Posner, "Legal Research and Practical Experience", *The University of Chicago Law Review*, vol. 84, no. 1, 2017.

13. SolonBarocas and Andrew D. Selbst, "Big Data's Disparate Impact", *104 Cal. L. Rev. 671* (2016).

（二）网络资料

1. European Ethical Charter on the use of artificial intelligence in judicial systems, https://rm. coe. int/ethical-charter-en-for-publication-4-december-2018/16808f699c.

2. Elon Musk launches Neuralink, a venture to merge the human brain with AI, By Nick Statt, Mar27, 2017, 4: 10pm, https://www. theverge. com/2017/3/27/15077864/elon-musk-neuralink-brain-computer-interface-ai-cyborgs.

3. GoogleDeepMind founder Demis Hassabis: Three truths about AI, By.

4. Nick Heath, September 24, 2018, 6: 51 am, https://www. techrepublic. com/. article/google-deepmind-founder-demis-hassabis-three-truths-about-ai.

5. John McCarthy, MarvinMinsky, Nathaniel Rochester and Claude Shannon, A Proposal for the Dartmouth Summer Research Project on Artificial.

6. Intelligence (31 August 1955), p. 1, http://raysolomonoff. com/dartmouth/boxa/dart564props. pdf.

7. JanetDiFiore, Electronic Filing in the New York State Courts (2018).

8. Report of the Chief Administrative Judge to the Legislature, the Governor, and the Chief Judge of the State of New York, http://ww2. nycourts. gov/sites/default/files/document/files/2018-06/18_ E-File_ Report. pdf.

9. Kinsey Grant, A Storm That May Cause the Next Stock Market Crash.

10. Is Brewing—Even at Dow 23K, https://www. thestreet. com/story/14335451/1/what-could-cause-the-next-stock-market-crash. html.

11. Mark Carlson, A Brief History of the 1987 Stock Market Crash with a.

12. Discussion of the Federal Reserve Response, Finance and Economics.

13. Discussion Series: Divisions of Research & Statistics and Monetary Affairs.

14. Federal Reserve Board, Washington, D. C. , pp. 15-16, https://www. federalreserve. gov/pubs/feds/2007/200713/200713pap. pdf.

15. Stephen Hawking Warning: Artificial Intelligence could destroy civilization, by Hannah Osborne, July 11, 2017, 4: 43am, https://www. newsweek. com/stephen-hawking-artificial-intelligence-warning-destroy-civilization-703630.